Réjean Demers

# L'Évangélisation
## dans un monde post-moderne

D'une manière simple et efficace

230, rue Lupien
Trois-Rivières (Québec)
Canada G8T 6W4

© 2005 :   Réjean Demers

Publications Chrétiennes
230, rue Lupien
Trois-Rivières (Québec)  G8T 6W4
CANADA
Tous droits réservés

Dépôt légal – 3e trimestre 2005
ISBN : 978-2-89082-081-4

Dépôt légal :  Bibliothèque et Archives nationales du Québec
   Bibliothèque et Archives Canada

*Je dédie ce livre à ma femme Chantal. Elle est pour moi une compagne et une amie précieuse sur le chemin du ministère que nous avons entrepris ensemble. Sans elle, je n'aurais jamais pu acquérir l'expérience qui m'a permis d'écrire ce livre.*

*Je veux également remercier mes enfants. C'est, en partie, en raison de leurs encouragements, que j'ai commencé à écrire. Ils sont pour ma femme et moi une grande source de bénédictions.*

# TABLE DES MATIÈRES

***Avant-propos*** vii

***Chapitre 1.***
L'importance d'approfondir la Parole de Dieu ! 13

***Chapitre 2.***
Ce qui ouvre les portes pour l'Évangile 29

***Chapitre 3.***
Les gens ont besoin d'être respectés 45

***Chapitre 4.***
Les gens sont responsables de leur choix 59

***Chapitre 5.***
La présentation du témoignage personnel 71

***Chapitre 6.***
La présentation claire et simple de l'Évangile 85

***Chapitre 7.***
Soyons sensible au cheminement spirituel des gens ! 103

***Chapitre 8.***
Ce que les gens croient n'est pas toujours réfléchi 119

***Chapitre 9.***
L'importance de nos convictions personnelles 131

***Annexe 1.***
Témoignage d'évangélisation 143

***Annexe 2.***
Ressources d'évangélisation 165

***Annexe 3.***
Informations sur différents cours 171

# AVANT-PROPOS

**P**artager sa foi devrait être pour tout chrétien[1] aussi naturel et passionnant que de parler de ses enfants avec ceux qui nous entourent, surtout quand ils sont au stade du babillage, ou de parler de ses vacances, soulignant avec enthousiasme les endroits où il planifie séjourner. Personnellement, j'aime bavarder au sujet des régions que j'ai visitées avec ma femme Chantal, des activités particulières que je préfère ou des choses qui me passionnent ! De la même façon, et de manière encore plus évidente, parler de ce que Dieu a fait dans notre vie ne devrait-il pas être une passion qui remplit notre cœur jusqu'à en déborder ?

---

1 Dans ce livre, le masculin est utilisé sans discrimination dans le but d'alléger le texte.

Toutefois, l'idée de partager ta foi avec quelqu'un est peut-être quelque chose qui t'effraye. J'aimerais te dire, à toi qui entreprends la lecture de ce livre, que tu n'es pas seul à vivre cette crainte ; c'est là l'expérience du plus grand nombre des enfants de Dieu. Personnellement, chaque fois que je passe un certain temps sans rendre témoignage de ma foi, je ressens, à cause du sentiment de crainte qui m'envahit, une certaine retenue à le faire. En d'autres mots, tu n'es pas anormal ; tous les chrétiens expérimentent à un moment ou l'autre de leur vie, qu'ils l'admettent ou non, cette crainte intérieure.

J'ai remarqué que plus on tarde à se distinguer comme enfant de Dieu, plus cela devient difficile de le faire. C'est pourquoi certains chrétiens travaillent durant des années au même endroit sans que personne sache réellement qui ils sont et en quoi ils croient. La crainte des hommes n'est pas nouvelle, étant donné que Jésus en a parlé à ses disciples ; néanmoins, il les a encouragés à ne pas se laisser entraîner par celle-ci. C'est pour cette raison que l'apôtre Paul a écrit ce qui suit à Timothée lorsqu'il se trouvait emprisonné à Rome à cause de sa foi : « ... *l'Esprit que Dieu nous a donné ne nous rend pas timides ; au contraire, cet Esprit nous remplit de force, d'amour et de maîtrise de soi. N'aie donc pas honte de rendre témoignage à notre Seigneur ; n'aie pas honte non plus de moi, prisonnier pour lui. Au contraire, accepte de souffrir avec moi pour la Bonne Nouvelle, en comptant sur la force que Dieu donne* » (*2 Timothée 1.7,8*).[2]

---

[2] À moins d'avis contraires, toutes les citations bibliques sont tirées de la version « La Bible en Français Courant »

# Avant-propos

Malheureusement, la peur n'est pas la seule raison qui paralyse notre témoignage. Beaucoup de chrétiens ont tout simplement cessé de témoigner à cause d'une mauvaise conception de ce que veut dire : partager sa foi. Ayant, par leur zèle, martelé leur entourage avec l'Évangile au début de leur vie chrétienne, ils ont éloigné la plupart de ceux qu'ils côtoyaient avant leur conversion. N'ayant plus personne à évangéliser, ils ont renoncé à le faire, croyant que cette responsabilité revenait maintenant à ceux qui faisaient partie d'une équipe d'évangélisation, ou qui avaient acquis une technique particulière, ou qui possédaient un grand nombre de connaissances concernant la Parole de Dieu. Quoique ces croyances ne soient pas totalement fausses, elles n'excluent pas la responsabilité de chaque chrétien à témoigner de sa foi.

J'ai remarqué dans les différents efforts d'évangélisation, lorsque l'animateur demandait aux gens ce qui les avaient motivés à assister à l'événement préparé pour eux, que très peu s'y trouvait suite à la publicité ou aux invitations distribuées directement par les membres de l'église. La majorité était venue parce qu'une personne qui leur était proche les avait invités.

Sans dénigrer les efforts qui sont faits par les différents moyens d'évangélisation utilisés par les églises locales ou en relation avec celles-ci, je pense que plus de 90 % des gens qui entrent dans une église locale proviennent des contacts personnels des membres qui s'y trouvent. L'évangélisation personnelle que l'on développe au milieu des gens que l'on côtoie jour après jour est sans aucun doute la forme la plus efficace et la moins menaçante si l'on suit certains principes.

Un chrétien a dit : « S'il y a une erreur pouvant être faite en témoignant, je l'ai commise. En fait, lorsque je songe à la façon dont je présentais l'Évangile au début de ma vie chrétienne, j'en ressens toujours un certain embarras. J'aimerais bien pouvoir retrouver certaines des personnes de cette époque pour leur faire des excuses, ou avoir au moins une autre chance de mieux les aborder. Mes erreurs ont été causées en partie par un zèle mal orienté, par la pauvreté de ma formation et par le fait que je pensais avoir constamment raison. En conséquence, certaines de mes expériences ont été désastreuses ; pas toujours, mais dans la majorité des cas, assez pour en être découragé. Un autre aspect de mon témoignage était que mes "victimes" paraissaient rarement m'aimer. Ils se tortillaient, regardaient leur montre, bâillaient, fixaient les yeux par terre, faisaient poliment des signes d'approbation de leur tête (parfois) et semblaient habituellement bien pressés de partir. Bien sûr, j'imputais leur comportement à l'Esprit de Dieu qui les convainquait de péché. Peut-être était-ce de temps à autre le cas ; mais, je soupçonne que le plus souvent, je gâchais tellement les choses que l'Esprit de Dieu ne pouvait pas faire son œuvre en eux. Au cours des années, j'ai étudié le sujet de l'évangélisation personnelle. J'ai pris des cours et des séminaires ; certains ont aidé et d'autres ne l'ont pas fait. Mais la meilleure formation, concernant la façon de partager ma foi, je l'ai découvert dans ma lecture des Saintes Écritures. (Imaginez !) »

# Avant-propos

C'est cette découverte que j'aimerais partager avec toi dans ce livre. Dès les débuts de ma vie chrétienne, je me suis consacré à rechercher Dieu par une vie de prière intense et sérieuse, m'appliquant à lire la Bible entière au moins deux fois par année. À ce jour, je l'ai lu plus d'une soixantaine de fois. Au fur et à mesure que je la relisais, mes yeux s'ouvraient de plus en plus sur le plan rédempteur de Dieu. Je découvrais surtout le caractère de ce Dieu d'amour dans sa relation avec l'homme qu'il a créé, et qui s'est reflété dans la vie du Seigneur Jésus-Christ tout au long de son ministère. J'ai appris ainsi, par l'exemple de la relation que Dieu avait avec l'homme dans l'Ancien Testament et celui du Seigneur et des apôtres dans le Nouveau Testament, à témoigner de l'Évangile de manière à conduire des dizaines de personnes à faire l'expérience de la grâce de Dieu. Ce que j'ai découvert et appliqué dans ma vie chrétienne, j'aimerais t'en faire part dans les pages qui vont suivre.

Pasteur Réjean Demers

# CHAPITRE 1

## *L'importance d'approfondir la Parole de Dieu !*

Dans l'Évangile selon Jean, il est rapporté que Jésus guérit un aveugle. Après sa guérison, ce dernier se retrouva devant les pharisiens afin de répondre à un interrogatoire sur la façon dont il avait été guéri. Les pharisiens essayaient de discréditer le Seigneur Jésus en bouleversant l'homme avec toutes sortes de questions et d'affirmations, comme celle-ci : « *Cet homme [Jésus] est un pécheur.* » L'homme guéri leur donna alors la réponse suivante : « *S'il est pécheur ou non, répondit-il, je n'en sais rien. Mais il y a une chose que je sais : j'étais aveugle et maintenant, je vois* » (Jean 9.25).

Cet homme était incapable de citer quelque passage que ce soit tiré de l'Ancien Testament pour soutenir que Jésus était bel et bien le Messie promis. Il n'avait pas la connaissance pour déclarer : « Bien, si vous regardez ce verset dans le livre du prophète Ésaïe, vous verrez que Jésus est l'accomplissement de certaines prophéties, et si vous tournez avec moi maintenant dans le livre de Daniel, je peux vous montrer cinq raisons pourquoi l'Ancien Testament soutient l'idée que Jésus de Nazareth est vraiment le Messie promis... ». Il était dans l'impossibilité d'affirmer de telles choses ; il pouvait seulement affirmer : « *j'étais aveugle, mais maintenant je vois.* » C'est tout ce qu'il pouvait dire et cela était suffisant.

Les pharisiens auraient pu, dès lors, placer leur foi en Jésus à cause du témoignage surprenant qu'ils venaient d'entendre de la part de cet homme, et parce qu'ils connaissaient déjà l'enseignement de l'Ancien Testament concernant le Messie promis. S'ils avaient eu le moindrement un cœur disposé, le Saint-Esprit aurait dirigé leurs pensées vers ces textes bibliques.

Le témoignage suivant te permettra de mieux comprendre ce que je veux dire. J'ai commencé à causer des ennuis et toutes sortes de chagrins à mes parents dès mon plus jeune âge. Ma mère me traînait à l'église chaque dimanche ; mais du lundi au samedi, j'étais aussi récalcitrant que je pouvais l'être. Lorsque j'étais au collège, je suis devenu l'ami d'un garçon nommé Steve. Je le connaissais depuis des années et l'avais toujours respecté parce qu'il avait les cheveux longs jusqu'aux épaules, jouait de la batterie dans un groupe rock et prenait beaucoup de drogues. Il était le type même de ma définition du mot « COOL ». Toutefois, il est devenu par la suite « un toxicomane de Jésus ». Il a alors renoncé aux drogues, sans pour autant abandonner la batterie, et, même s'il n'est pas arrivé avec les cheveux coupés ; il était évident, pour qui le connaissait, qu'il n'était plus la même personne. Je flânais avec lui après l'école et nous parlions pendant des heures de Jésus, de la Bible, de la fin des temps et de bien d'autres sujets. Je demeurais indifférent à la plupart des choses qu'il me partageait, mais, j'étais touché par le fait que Jésus était réel pour lui et qu'il avait complètement changé sa vie. Je pensais que je devrais peut-être changer ma vie, moi aussi, et devenir une meilleure personne, comme Steve l'avait fait, que je devrais peut-être renoncer à mes péchés préférés, commencer à lire la Bible, porter plus d'attentions à l'Église et, essentiellement, entreprendre de devenir meilleur ! Je savais que je devais faire ces choses, mais, je me connaissais assez bien pour savoir que je ne pourrais jamais y arriver, qu'il n'y avait même aucune possibilité qui me permettrait de devenir bon.

Une nuit, à la maison, j'ai décidé de commencer la lecture de la Bible. Steve citait toujours des passages tirés de l'épître aux Romains, c'est donc là que j'ai débuté ma lecture. Quand je suis arrivé au chapitre trois, j'ai lu : « *... personne ne sera reconnu juste aux yeux de Dieu pour avoir obéi en tout à la loi ; la loi permet seulement de prendre connaissance du péché. Mais maintenant, Dieu nous a montré comment il nous rend justes devant lui, — Dieu rend les hommes justes à ses yeux par leur foi en Jésus-Christ —... Dieu, dans* *sa bonté, les rend justes à ses yeux, gratuitement, par Jésus-Christ qui les délivre du péché. Dieu l'a offert en sacrifice afin que, par sa mort, le Christ obtienne le pardon des péchés en faveur de ceux qui croient en lui ».* [1] J'ai compris, soudainement, ce que voulait dire « être un chrétien ». Il n'était pas question de chercher à devenir le meilleur homme possible afin de gagner l'amour de Dieu, mais simplement d'accepter Jésus comme mon Sauveur et Seigneur, et croire qu'il avait assumé à ma place le prix pour mes péchés sur la croix.

Alors, j'ai pensé au dedans de moi : je peux le faire ! Si c'est là, la signification « être chrétien », donc c'est ce que je veux tout de suite ! À cet instant précis, seul dans ma chambre, j'ai accepté la seule façon possible de devenir juste aux yeux de Dieu : je me suis repenti de mes péchés et ai invité Jésus-Christ à venir dans mon cœur, et j'ai été sauvé. Soudain, je fus rempli d'une telle joie et d'une telle paix que je pouvais à peine me contenir. Je savais dans mon cœur que l'on m'avait aimé et que j'étais en règle avec Dieu. Jusqu'à cet instant, je n'avais jamais expérimenté ce sentiment. Dès lors, ma mère n'avait plus à me traîner à l'église. Je n'en avais de toute façon jamais assez.

Je ne peux imaginer ce que serait ma vie aujourd'hui si je n'avais pas accepté Jésus. Le connaître a fait toute la différence dans chaque domaine de ma vie. Il y a de cela presque vingt-six ans maintenant. Cela n'a pas toujours été facile, mais il a toujours été à mes côtés dans toutes les vicissitudes de la vie. Et quoique je l'ai laissé tomber maintes fois dans ces vingt-cinq dernières

---
[1] Romains 3.12-22

années, il a toujours été fidèle. Dieu a fait de moi une personne meilleure, plus que tout ce que j'aurais pu espérer devenir. C'est à lui que je dois ce que je suis aujourd'hui.

Le témoignage le plus puissant que tu peux avoir, c'est ta vie : c'est le témoignage de ce que Dieu a fait, et fait à l'instant présent. Ta vie parle tellement puissamment que les gens n'entendront pas ce que tu dis si celle-ci n'est pas vécue pour la gloire de Dieu !

Cependant, malgré le fait que Dieu puisse conduire des gens à une conversion authentique par notre témoignage personnel, il désire nous voir aller au-delà de cette expérience unique. Il souhaite nous voir grandir en particulier dans notre connaissance des Saintes Écritures, afin d'être mieux équipés pour témoigner de notre foi. Voilà ce que Steve a fait.

S'il est vrai qu'aucun argument ne peut résister à un témoignage personnel, les gens ne pouvant réfuter une vie transformée, il est également vrai que plus notre connaissance s'accroît, plus nous sommes en mesure d'aider les personnes touchées par notre témoignage à découvrir Celui qui a produit une telle transformation dans notre vie.

**En premier lieu :** Si tu débutes dans la vie chrétienne, une des approches les plus simples pour te rappeler et pour partager tes connaissances est *de souligner les passages pertinents dans ta bible*. Par exemple, tu peux souligner les vérités que tu découvres sur la personne du Seigneur Jésus, la personne de Dieu, la personne du Saint-Esprit, sur le salut, la grâce et la foi. Ensuite, tu peux écrire à la fin de ta bible, sur les pages blanches qui s'y trouvent, les références importantes que tu utiliseras lorsque tu parleras du Seigneur Jésus avec quelqu'un.

Ce n'est pas important si tu es obligé d'y tourner pour partager un passage ou un verset à la personne à qui tu t'adresses, elle ne te fera aucun reproche à ce sujet. Chacun sait qu'il y a un début à toute chose !

Voici un exemple : tu as oublié où se situe le passage disant *« Dieu a tant aimé le monde qu'il a donné son Fils unique afin que quiconque croit en lui ne périsse point mais ait la vie éternelle »*, mais, tu as pris soin, lorsque tu l'as lu pour la première fois, de le noter sur une des pages blanches à la fin de ta bible. En y tournant, tu retrouves le passage « Jean 3.16 » avec tous les autres passages qui parlent du salut, dans une section que tu as titrée « versets concernant le salut ». C'est aussi simple que cela. À force d'y tourner, tu en arriveras à les connaître par cœur, de sorte que tu n'auras plus besoin de consulter les pages de références. C'est comme cela que j'ai procédé dès les débuts de ma vie chrétienne.

**<u>En deuxième lieu :</u>** Tu devrais ***avoir une lecture suivie et quotidienne de la Parole de Dieu***. Pour débuter, je te suggère de lire au minimum cinq à six fois le Nouveau Testament afin de t'en imprégner. Tu auras besoin de te familiariser avec celui-ci avant d'entreprendre une lecture assidue de l'Ancien Testament. Lorsque

# L'importance d'approfondir la Parole de Dieu !

tu auras lu plusieurs fois le Nouveau Testament, alors entreprends la lecture de la Bible, au moins une fois par année, de la Genèse à l'Apocalypse. De cette façon, tu auras une connaissance de plus en plus approfondie de la personne de Dieu, de sa volonté et son plan pour ta vie et celui de ce monde.

Est-ce qu'il t'arrive de commencer la lecture d'un livre au chapitre 13 pour ensuite revenir au chapitre 2 et, par la suite, sauter au chapitre 15 ? Non, évidemment ! Un livre est écrit dans le but de parler d'un sujet précis, celui-ci étant développé chapitre après chapitre. C'est la même chose pour la Bible. Il faut donc commencer au début et progresser chronologiquement jusqu'à la fin. Cela peut te sembler évident, mais malheureusement, beaucoup de chrétiens ont tendance à lire un peu ici et là, sans jamais prendre le temps de rassembler les idées convenablement.

**En troisième lieu :** Un autre moyen *d'approfondir* ta connaissance de la Parole de Dieu, c'est *d'être impliqué fidèlement au sein d'une église locale*. Tu peux ainsi bénéficier des prédications, des programmes de formation de disciples, des soirées de prières, de partages et de communion fraternelle. Tu peux également lire de bons livres sur différents sujets, en les choisissant selon tes besoins.

Parfois, il est utile de suivre des cours d'évangélisation. Ils peuvent aider à augmenter notre compréhension des Écritures et améliorer notre manière de présenter l'Évangile. D'ailleurs, les derniers chapitres de ce livre sont consacrés à accroître ton savoir-faire dans la propagation de l'Évangile.

L'apôtre Pierre a mentionné que nous devrions être : *« ... toujours prêts à nous défendre, avec douceur et respect, devant quiconque nous demande raison de l'espérance qui est en nous... »* (1 Pierre 3.15 Version Louis Second). Notre espérance puise sa source dans la Parole de Dieu et repose sur elle seule ! Plus tu approfondiras ta connaissance des Écritures, plus ton espérance grandira et s'enracinera en toi. Voilà pourquoi tu as besoin de la Parole de Dieu ! Plus tu la liras, plus tu deviendras stable et mature, surtout si tu peux l'étudier avec d'autres chrétiens au sein d'une église locale. L'église locale est au cœur du plan de Dieu pour la croissance des chrétiens et la progression de l'Évangile au sein de ce monde. C'est là une conviction de la plus grande importance.

\*

Néanmoins, j'aimerais souligner que nous pouvons tous être des témoins pour le Seigneur dans les milieux où nous évoluons, même si nous ne prenons pas de cours pour évangéliser. L'apôtre Paul n'a-t-il pas regardé l'impuissance de sa connaissance lorsqu'il a dit aux chrétiens de Corinthe : *« Quand je suis allé chez vous, frères, pour vous révéler le plan secret de Dieu, je n'ai pas usé d'un langage compliqué ou de connaissances impressionnantes. Car j'avais décidé de ne rien savoir d'autre, durant mon séjour parmi vous, que Jésus-*

## L'importance d'approfondir la Parole de Dieu !

*Christ et, plus précisément, Jésus-Christ crucifié. C'est pourquoi, je me suis présenté à vous faible et tout tremblant de crainte ; mon enseignement et ma prédication n'avaient rien des discours de la sagesse humaine, mais c'est la puissance de l'Esprit divin qui en faisait une démonstration convaincante. Ainsi, votre foi ne repose pas sur la sagesse des hommes, mais bien sur la puissance de Dieu* » (1 Corinthiens 2.1-5).

Même si la connaissance théologique peut faire de nous de meilleurs évangélistes, c'est l'œuvre du Saint-Esprit qui fait toute la différence. Le chrétien possédant une foi vivante en Dieu, marchant en communion avec Lui, n'ayant pas honte de le confesser, approfondissant sa connaissance de la Parole de Dieu selon sa capacité et ses possibilités, peut être un instrument puissant entre les mains du Seigneur pour le salut des âmes, qu'il soit pauvre ou riche en connaissances théologiques.

La foi chrétienne et les vérités bibliques sont en règle générale simples à comprendre, de sorte que nous n'avons pas besoin d'étudier pendant de longues années avant d'en saisir le sens pratique : Jésus est mort à la croix du Calvaire pour nos péchés, il a été enseveli et est ressuscité le troisième jour ; et à travers sa résurrection, il nous offre la vie éternelle. Toute personne qui croit cela peut voir sa vie transformée entièrement par la puissance du Saint-Esprit. Mais, tu peux répéter cette vérité à quelqu'un durant des années sans qu'il parvienne à comprendre quoi que ce soit, peu importe la connaissance que tu utiliseras pour chercher à le convaincre. Puis, un jour, un autre chrétien, peut-être un étranger, lui dira une chose qui peut sembler tout à fait de surface, et il comprendra, se tournera vers Dieu et se convertira ! Pourquoi ? Parce que c'est l'œuvre de Dieu.

Même si l'apôtre Paul n'a pas usé d'un langage compliqué ou de connaissances impressionnantes avec les Corinthiens, ce n'était pas toujours le cas avec ceux qu'il rencontrait. Lorsqu'il était à Éphèse, il « *se rendit régulièrement à la synagogue et, pendant trois mois, il y prit la parole avec assurance. Il parlait du Royaume de Dieu et s'efforçait de convaincre ses auditeurs* » (Actes 19.8). Voilà pourquoi il est important, avec le temps, d'approfondir ta connaissance de la Parole de Dieu pour être un témoin de plus en plus efficace ! Et l'église locale est le cadre le plus approprié pour cette croissance spirituelle.

Rappelle-toi que la naissance d'un enfant n'est pas une fin en soi ! Ce n'est que le début d'un processus de croissance. Pour cette croissance, l'enfant a besoin d'un environnement qui lui permet de grandir d'une manière équilibrée ; le foyer est le lieu que Dieu a pourvu pour cela. La famille, qui est constituée d'un homme et d'une femme qui se sont engagés l'un envers l'autre dans les liens du mariage, est la toile de fond, nous dit Dieu dans sa Parole, pour la conception et la croissance des enfants. De même, la nouvelle naissance n'est pas une fin en soi, ce n'est que le début d'un processus de croissance. Pour cette croissance, le nouveau croyant a besoin d'un environnement qui lui permet de grandir

### L'importance d'approfondir la Parole de Dieu !

d'une manière équilibrée, et l'église est le lieu que Dieu a pourvu pour cela.

Que feras-tu avec ceux que le Seigneur te permettra de conduire à la croix ? Vas-tu les enseigner toi-même ? As-tu reçu cet appel de Dieu ? Et, si tu les encourages à assister dans une église, mais que tu n'y assistes pas toi-même, que vont-ils déduire de cela ? L'église locale, qui est constituée de chrétiens qui se sont engagés envers le Seigneur Jésus-Christ, est la toile de fond pour la conception et la croissance des nouveaux croyants.

Tu as peut-être vécu de mauvaises expériences au sein d'une église, et tu as pris la décision d'évoluer en dehors de celle-ci ! Tu dois réaliser que dans chaque église locale, il y a énormément de diversités. Nous sommes tous différents les uns des autres : physiquement, émotionnellement, intellectuellement, spirituellement (d'arrière-plan humaniste, religieux, athéiste, légaliste, etc.), socialement et culturellement. Il en résulte que quelques-uns peuvent ne pas accepter ou éprouver des difficultés avec certaines façons de faire, comme par exemples : le déroulement des cultes ou des réunions d'adoration, le style de musique trop ou pas assez contemporain, le style d'habillement, certaines fêtes, certains loisirs ou divertissements. Tout cela pourrait être quelque chose d'assez compliqué si le Saint-Esprit de Dieu qui habite en nous ne répandait pas son amour dans nos cœurs !

Le sodium est un élément extrêmement actif que l'on trouve seulement sous une forme combinée ; il se lie toujours avec un autre élément. Le chlore, d'autre part, est un gaz qui dégage une odeur piquante et suffocante. C'est un oxydant puissant. Le chlore réagit violemment ou de manière explosive avec de nombreuses substances. Il représente un danger dans les espaces clos. Il est très toxique et extrêmement irritant pour le système respiratoire, pouvant provoquer des lésions irréversibles aux poumons. Il est corrosif pour les yeux et la peau, et son contact peut entraîner des brûlures et des lésions permanentes, y compris la cécité. Mais, quand le sodium et le chlore sont combinés, ils produisent ce qu'on appelle le chlorure de sodium : le sel de table que nous employons pour préserver la viande et rehausser la saveur des aliments.

De même, l'amour et la vérité peuvent être comme le sodium et le chlore. L'amour sans la vérité est inconstant, aveugle parfois. D'autre part, la vérité sans l'amour peut être offensive, parfois même toxique. Mais quand la vérité et l'amour sont combinés chez un individu ou dans une église, alors nous avons ce que Jésus a appelé « le sel de la terre », et nous sommes alors capables de préserver et rehausser l'œuvre de Dieu dans le cœur des autres.

N'oublie pas que l'apôtre Paul a mentionné aux chrétiens de Corinthe que la connaissance enfle, mais l'amour édifie (1 Corinthiens 8.1). Nous sommes appelés à être, par notre conduite et nos relations avec les autres, surtout s'ils sont chrétiens, le sel de cette terre. De vivre

## L'importance d'approfondir la Parole de Dieu !

à l'écart des autres chrétiens, n'est certainement pas un témoignage aux yeux des gens de ce monde. As-tu déjà remarqué que ce qui divise généralement les chrétiens provient de convictions non fondées sur la Parole de Dieu et surtout de beaucoup de préjugés accompagnés d'émotions ? N'oublie pas que nous passerons l'éternité ensemble dans la présence de Dieu, et que la maturité ne s'acquiert pas en une journée.

\*

Tu as maintenant tout ce dont tu as besoin pour témoigner de ton espérance aux gens qui t'entoure : un processus simple pour approfondir ta connaissance de la Parole de Dieu et un témoignage de vie qui honore Dieu. Il ne te reste plus qu'à être prêt à saisir les occasions que Dieu te donne, comme le dit l'apôtre Pierre : « *Mais sanctifiez dans vos cœurs Christ le Seigneur, étant toujours prêts* » ; prêt à partager aux autres les raisons qui te conduisent à agir ou à parler comme tu le fais. Quand tu feras le premier pas, si ce n'est déjà fait, qui est de saisir les occasions qui te sont offertes de partager ta foi, le deuxième pas sera moins difficile, le troisième le sera encore moins, et, à un certain moment, cela deviendra un style de vie. Il y a un proverbe qui dit : *c'est toujours le premier pas qui coûte.*

Le christianisme, en fin de compte, est un style de vie. Le témoignage est avant tout une vie vécue pour honorer le Seigneur, vue et connue de tous ceux qui nous côtoient ; caractérisée par l'amour, la bienveillance, l'humilité, la générosité, la courtoisie, la modestie, la pratique du bien, la recherche de la paix, la douceur, le respect envers les autres ; une vie où l'on rend le bien pour le mal et où l'on prie Dieu de bénir ceux qui nous font du mal.

« En 1884, l'Église presbytérienne a nommé le docteur Horace N. Allen comme le premier missionnaire protestant en Corée. Le docteur Allen est arrivé dans la capitale coréenne en septembre 1884. Très tôt après son arrivée, un Coup d'État est survenu, où les attaquants ont laissé le prince Min pour mort après l'avoir brutalement taillé. Le docteur Allen a été appelé quand le prince Min était près de la mort et, par ses soins méticuleux, pendant les trois mois qui suivirent, il put sauver la vie du prince. Cet incident a permis de donner une grande confiance à la cour royale dans la médecine occidentale, ainsi que dans l'alliance américaine, incitant celle-ci à une plus grande hospitalité envers les missionnaires. Comme conséquence, le gouvernement coréen a aisément accordé au docteur Allen sa demande pour l'établissement d'un hôpital employant la médecine occidentale. Le premier hôpital général a été ouvert le 10 avril 1885.

Le témoignage du docteur Allen a ouvert les portes à d'autres missionnaires médicaux et plusieurs hôpitaux furent construits en Corée. Un Coréen a dit au début du vingtième siècle : « Y a-t-il un hôpital dans une quelconque partie de notre pays autre que ceux appartenant aux chrétiens, où le pauvre et le faible sont accueillis et où on se soucie réellement d'eux ? » Aujourd'hui,

## L'importance d'approfondir la Parole de Dieu !

presque un tiers de la population de la Corée du Sud est chrétienne, suite à l'impact positif du docteur Allen et de ceux qui partagent activement leur foi. »[2]

N'est-ce pas extraordinaire ? Le témoignage chrétien est ce qu'il y a de plus puissant pour transformer le monde qui nous entoure. Dieu t'a sans aucun doute assigné un champ missionnaire où il veut te voir le servir. Peut-être ne l'as-tu jamais vu de cette façon. Alors, demande-lui de t'éclairer, il te révélera sa volonté.

➢ Prends un temps de réflexion maintenant. Que comptes-tu faire concernant la lecture et l'étude de la Bible et ton implication au sein d'une église locale ? À l'heure actuelle, fréquentes-tu une église locale ? Si oui, je t'encourage à persévérer et à t'impliquer avec les autres frères et sœurs à la croissance de celle-ci pour la gloire de Dieu. Si non, j'aimerais t'encourager à reconsidérer ta décision. Parles-en avec Dieu. Il saura te montrer la voie que tu dois suivre. Prends le temps de réfléchir à ces choses et de noter tes réflexions.

_____

_____

_____

_____

_____

_____

_____

[2] Citation provenant de Peter Kennedy tirée du site Web : sermonillustrator.org

# CHAPITRE 2

## *Ce qui ouvre les portes pour l'Évangile*

Un homme assis dans son auto, attendait à un feu de circulation. Dans la voiture juste devant lui, une dame examinait des papiers, lorsque le feu changea au vert. Absorbée dans ses papiers, elle n'a pas prêté attention au changement et est demeurée sur place. Quand la lumière revint au rouge, l'homme commença à lui lancer des grossièretés, la tête sortie par la fenêtre, en donnant des coups sur son klaxon. Ses manifestations de contrariété furent interrompues par un policier qui cognait sur la vitre arrière, et qui lui demanda en sortant son arme de descendre de sa voiture. Alors, l'homme s'est mis à protester : vous ne pouvez pas m'arrêter pour des hurlements dans mon auto ! Le policier lui a ordonné de sortir et l'a conduit à l'arrière de sa voiture. Après avoir passé deux heures dans une cellule, l'officier qui l'avait arrêté est venu l'informer qu'il était libre de partir. L'homme lui alors dit : *je savais que vous ne pouviez pas m'arrêter parce que je hurlais dans ma propre voiture. Vous n'avez pas fini d'entendre parler de moi.* L'officier lui répondit : *je ne vous ai pas arrêté pour les cris lancés dans votre voiture. Je me trouvais directement derrière vous aux feux de circulation. Je vous ai entendu crier et donner des coups sur votre volant, et je me suis dit en moi-même, quel crétin ! Néanmoins, il n'y a rien que je puisse lui faire pour le rendre un peu plus civilisé dans sa propre voiture. Alors, j'ai remarqué la croix accrochée à votre rétroviseur intérieur, et votre autocollant jaune avec la mention* « Choisissez la Vie » *et celui où il est écrit* « Jésus revient bientôt », *et le symbole du* « poisson » *et j'ai pensé que vous aviez dû voler cette voiture.*

Nous avons ici un homme qui était loin de susciter l'intérêt pour Dieu chez ceux qui étaient témoins de ses agissements. S'il était chrétien, il a laissé une mauvaise impression dans l'esprit de ce policier. Il y a beaucoup de gens qui ont développé un esprit de jugement envers les chrétiens en général, à cause du mauvais comportement de quelques-uns. Rappelle-toi que le témoignage demeure avant tout une vie vécue pour honorer le Seigneur, vue et connue de tous ceux que tu côtoies ou que tu rencontres sur ta route. C'est une vie qui doit être caractérisée par l'amour, la bienveillance, l'humilité, la générosité, la courtoisie, la modestie, la pratique du bien, la recherche de la paix, la douceur, et le respect.

Si les gens voient la transformation dans ta vie tout en sachant que tu es chrétien, s'ils remarquent la joie qui habite en toi, de quelle façon tu supportes les injustices en refusant de compromettre tes convictions et de quelle manière tu réponds au mal par l'amour et le pardon, ils réagiront. Quelques-uns resteront indifférents, d'autres s'irriteront parce que ta vie jouera le rôle d'un miroir au travers duquel sera rendue manifeste leur vie déréglée. Par contre, cela fera naître chez certains le désir de connaître les raisons de ta conduite ! C'est pour ces dernières personnes que Dieu suscite des occasions qui nous permettent de témoigner « avec douceur et respect ».

*

Ne prends pas des mois à t'identifier comme chrétien. Fais-le dès le début. Si les gens te rejettent à cause de ta foi, va pêcher dans un autre endroit tout en continuant à agir envers ceux qui t'excluent comme Jésus l'enseigne : « *Vous avez appris qu'il a été dit : tu aimeras ton prochain, et tu haïras ton ennemi. Mais moi, je vous dis : Aimez vos ennemis, bénissez ceux qui vous maudissent, <u>faites du bien</u> à ceux qui vous haïssent, et <u>priez pour ceux qui vous maltraitent et qui vous persécutent,</u> afin que vous soyez fils de votre Père qui est dans les cieux ; car il fait lever son soleil sur les méchants et sur les bons, et il fait pleuvoir sur les justes et sur les injustes* » (Matthieu 5.43-45).

Ne limite pas ton temps à un nombre restreint de personnes qui ne se convertiront peut-être jamais à l'Évangile. Beaucoup de chrétiens soutiennent cette approche, enseignant de retarder indéfiniment le moment de sonder les portes ouvertes. Prendre des mois et des mois pour construire des ponts avec un nombre limité de gens, en reculant indéfiniment le moment de tenter l'ouverture d'une porte, est un concept que nous ne retrouvons pas dans la Parole de Dieu. J'y vois personnellement une ruse de Satan, qui nous conduit à tourner en rond avec les mêmes personnes pendant des années parfois. Tu n'y trouveras qu'un refroidissement graduel de ta foi et de ton zèle pour l'Évangile, un piège pour ta vie spirituelle.

Voyons le commandement du Seigneur à l'apôtre Paul : « *N'aie pas peur, mais continue à parler, ne te tais pas, car je suis avec toi. Personne ne pourra te maltraiter, parce que <u>nombreux sont ceux qui m'appartiennent dans cette ville</u>* » (Actes 18.9-10) et « *Je t'ai établi comme lumière des nations, afin que tu apportes le salut jusqu'au bout du monde ! Quand les non-Juifs entendirent ces mots, ils se réjouirent et se mirent à louer la parole du Seigneur. Tous ceux <u>qui étaient destinés à la vie éternelle</u> devinrent croyants. La parole du Seigneur <u>se répandait</u> dans toute cette région* » (Actes 13.47-49). L'apôtre Paul a pu implanter un grand nombre d'églises au cours de son ministère, parce qu'il s'est consacré à atteindre un grand nombre de personnes. Si les chrétiens de Jérusalem avaient restreint leur témoignage, le Sanhédrin n'aurait jamais pu dire aux apôtres : « *Nous vous avions sévèrement interdit d'en-*

## Ce qui ouvre les portes pour l'Évangile

seigner au nom de cet homme-là, mais vous, <u>vous avez rempli Jérusalem de votre enseignement !</u> » (Actes 5.28), et l'ensemble des chrétiens n'aurait jamais demandé au Seigneur : « *Et maintenant, Seigneur, vois comme ils nous menacent. Donne à tes serviteurs <u>d'annoncer ta parole</u> avec une totale assurance* » (Actes 4.28).

Bien entendu, les gens les plus proches de nous devraient être abordés avec plus de délicatesse et avec une approche bien préparée ; toutefois, pas en reportant indéfiniment le témoignage de l'Évangile !

As-tu déjà entendu l'histoire de monsieur Jones qui meurt et arrive au ciel ? Saint-Pierre l'attendait aux portes du ciel pour l'accueillir et lui faire visiter les lieux. Monsieur Jones était frappé de stupeur. Les rues étaient pavées d'or, avec des manoirs magnifiques scintillant au sein de cette prospérité ; et des chœurs d'anges chantaient des chants sublimes. Les yeux de monsieur Jones furent attirés par une construction étrange, un énorme entrepôt sans fenêtre avec une seule porte. Quelle structure étrange pour le ciel ! se dit-il. « Vous ne voulez pas vraiment voir ce qu'il y a à l'intérieur ? » lui dit Saint-Pierre. « Mais oui, j'aimerais bien voir ! » lui répondit monsieur Jones.

Alors, il se mit à courir à travers la pelouse et poussa la porte pour découvrir à l'intérieur des rangées et des rangées de planches, du plancher au plafond. Empilées sur les planches, se trouvaient des milliers de boîtes blanches. Et chaque boîte avait un nom écrit à l'extérieur. « Y en a-t-il une avec mon nom ? » demanda monsieur Jones, comme il se précipitait dans la rangée des **J**. Il y trouva la boîte avec son nom et l'ouvrit.

Sa bouche s'entrouvrit, son pouls s'accéléra et finalement il dit à Pierre : « Que font toutes ces merveilleuses choses à l'intérieur de ma boîte ? Est-ce qu'elles font partie des bonnes choses qui m'étaient réservées au ciel ? » « Non », répondit Saint-Pierre, « ce sont les nombreuses bénédictions que Dieu voulait vous donner tandis que vous étiez vivants sur la terre, mais que vous n'avez jamais reçues. » Un regard triste se dessina sur le visage de monsieur Jones. Il examina la boîte, tourna son regard vers Saint-Pierre… et finalement, se plaçant derrière la boîte, il dit : « Pourquoi ? Pourquoi ai-je manqué toutes ces bénédictions ? » Bien, c'est une longue histoire, lui répondit Saint-Pierre.

C'est cette situation que j'aimerais t'éviter d'expérimenter, en regardant avec toi ces nombreuses bénédictions que Dieu a en réserve pour toi. Jésus le mentionne ainsi dans son sermon sur la montagne : « *Heureux ceux <u>qui créent la paix autour d'eux</u>, car Dieu les appellera ses fils ! Heureux ceux qu'on persécute parce qu'<u>ils agissent comme Dieu le demande</u>, car le Royaume des cieux est à eux ! Heureux êtes-vous si les hommes vous insultent, vous persécutent et disent faussement toute sorte de mal contre vous <u>parce que vous croyez en moi</u>. Réjouissez-vous, soyez heureux, <u>**car une grande récompense vous attend dans les cieux**</u>. C'est ainsi, en effet, qu'on a persécuté les prophètes qui ont vécu avant vous. C'est vous qui êtes le sel du monde. Mais si le sel perd son goût, comment pourrait-on le rendre*

## Ce qui ouvre les portes pour l'Évangile

*de nouveau salé ? Il n'est plus bon à rien ; on le jette dehors, et les gens marchent dessus. <u>C'est vous qui êtes</u> la lumière du monde. Une ville construite sur une montagne ne peut pas être cachée. On n'allume pas une lampe pour la mettre sous un seau. Au contraire, on la place sur son support, d'où elle éclaire tous ceux qui sont dans la maison. C'est ainsi que votre lumière doit briller devant les hommes, <u>afin qu'ils voient le bien que vous faites</u> et qu'ils louent votre Père qui est dans les cieux* » (Matthieu 5.9-16).

\*

Voilà la façon dont l'apôtre Paul vivait sa vie chrétienne. Il le dit lui-même ainsi : « *Il ne faut pas que l'on puisse critiquer notre fonction, c'est pourquoi nous ne voulons scandaliser personne en quoi que ce soit. Au contraire, nous cherchons en toutes circonstances à nous présenter comme de vrais serviteurs de Dieu : nous supportons avec beaucoup de patience les souffrances, les détresses et les angoisses. On nous a battus et mis en prison, on a soulevé le peuple contre nous ; accablés de travail, nous avons été privés de sommeil et de nourriture. Nous nous montrons serviteurs de Dieu par notre pureté, notre connaissance, notre patience et notre bonté, par l'action du Saint-Esprit, par notre amour sincère, par notre prédication de la vérité et grâce à la puissance de Dieu. Nos armes offensives et défensives, c'est de faire ce qui est juste aux yeux de Dieu. On nous honore ou on nous couvre de mépris ; on nous insulte ou on nous respecte. On nous regarde comme des menteurs alors que nous disons la vérité, comme des inconnus alors que nous sommes bien connus, comme des mourants alors que nous sommes bien vivants. On nous punit, sans pourtant nous exécuter ; on nous attriste et pourtant nous sommes toujours joyeux ; nous sommes pauvres, mais nous enrichissons beaucoup de gens ; nous paraissons ne rien avoir, nous qui, en réalité, possédons tout »* (2 Corinthiens 6. 4-10).

C'était là le témoignage de vie de l'apôtre Paul, ainsi que sa façon **de côtoyer et d'aborder les gens**. Étant donné qu'il était missionnaire, son champ d'évangélisation se trouvait beaucoup plus étendu que celui de la plupart des chrétiens, mais son approche était la même. Il recherchait toujours l'existence de ponts potentiels, et parfois, en les occasionnant, cela lui permettait d'obtenir l'attention des gens afin de leur présenter l'Évangile.

Tout en vivant ta vie chrétienne de manière à honorer le Seigneur, il te faut être éveillé aux portes qui s'ouvrent pour l'Évangile, et en profiter. Ce sont surtout les discussions avec les gens que tu côtoies qui favorisent ces ouvertures pour partager ta foi. Il ne s'agit pas de leur présenter séance tenante l'Évangile, mais de sonder leur réceptivité afin de discerner ce que tu peux ou ne peux pas leur partager.

On ne peut pas imposer le christianisme. Une mère célibataire a raconté à son pasteur qu'un certain samedi matin, il y a de cela plusieurs années, elle était à la buanderie avec ses trois jeunes enfants. L'endroit était bondé et elle jonglait avec une demi-douzaine de piles de linge entre les machines à laver, les sécheuses et le comptoir où vous triez et pliez vos vêtements. En même temps, elle essayait de surveiller ses enfants pour s'assurer qu'ils n'étaient pas en train de se disputer ou de suivre un étranger. Elle faisait tout cela dans une course contre l'horloge parce qu'elle devait rentrer à la maison et se préparer pour le travail. Alors, un homme s'est approché d'elle et lui a demandé si elle était sauvée. Elle ne l'était pas à ce moment-là. Elle savait dans son cœur qu'elle avait besoin d'entendre l'Évangile, mais il n'aurait pas pu choisir un temps plus inapproprié pour lui parler. Elle a dit à son pasteur : « Si au moins il m'avait offert de m'aider à plier mes vêtements, non seulement je serais partie à l'église avec lui, mais je l'aurais sans doute épousé. »

Ce jour-là, elle vivait plusieurs situations stressantes, et le chrétien n'en a pas tenu compte. Comme tu peux le voir, ce n'était pas le bon moment. Elle avait beaucoup plus besoin de son aide. Son histoire a cependant une bonne fin, puisque quelques années plus tard elle est devenue chrétienne.

Lorsque nous désirons témoigner à quelqu'un, nous devrions nous assurer que l'instant est opportun et que la personne est « réceptive », surtout si c'est quelqu'un avec qui je suis en train de construire un pont !

J'aimerais que tu comprennes bien ce que je veux dire. Ce n'est pas qu'il te faut prendre beaucoup de temps avant de t'aventurer à partager ta foi aux autres !

Si une personne ne connaît pas le Seigneur, il n'y a rien de plus important dans ce monde pour elle que d'entendre l'Évangile. Lorsque l'on considère que la destinée éternelle de cette jeune femme était en jeu, d'être quelques minutes en retard pour le travail est une chose insignifiante. Nous, nous le savons, mais pas elle ! Ce qu'elle était en train de vivre, voilà ce qui était important !

Le plus difficile, c'est de provoquer l'ouverture des portes de la bonne façon. Nous devons en tout temps sonder la porte du cœur des gens, toutefois, il faut le faire correctement. Je regarderai avec toi un peu plus loin dans ce livre la meilleure façon de pouvoir le faire.

Donc, quand tu désires partager ta foi avec les gens, tu dois t'assurer que ton témoignage de vie soutiendra tes paroles, que c'est le temps approprié et qu'ils sont intéressés ! S'ils ne le sont pas, de les pilonner produira l'effet contraire. Ils vont te regarder comme un fanatique religieux, un vendeur sous pression. Lorsque cela arrive, nous ne sommes certainement pas en train de faire avancer la cause de Christ.

### *La façon dont tu abordes les gens ouvre ou ferme les portes à l'Évangile*

Une femme a raconté l'histoire suivante. Il y a plusieurs années, quand j'étais en train d'inscrire mon fils à l'école primaire, j'ai entrepris une conversation avec la directrice de l'école. Elle ne savait pas encore que j'étais chrétienne. Pendant la conversation, elle a

# Ce qui ouvre les portes pour l'Évangile

énergiquement souligné qu'elle chantait dans le chœur à l'église. Quelques minutes plus tard, nous parlions du nouveau centre de technologie de l'école ; elle mentionna que c'était une réponse à ses prières. « L'année dernière, j'ai demandé à Dieu de nous donner quelques nouveaux ordinateurs pour l'école et regardez comment il a pourvu ! » Ensuite elle m'a dit qu'elle priait pour chacun des enfants, les nommant par leur nom. Elle ne me connaissait pas, mais je savais ce qu'elle faisait. <u>Ainsi, elle ouvrait la porte pour m'indiquer que je pouvais aborder les choses spirituelles, si je le voulais.</u> J'ai découvert, par la suite, que beaucoup de parents venaient chercher conseil auprès d'elle quand leurs enfants avaient des problèmes, et qu'elle prenait toujours l'occasion de leur parler du Seigneur Jésus.

Si le témoignage est avant tout un style de vie, il ne doit certainement pas en rester là. Les gens se convertissent rarement à la seule vue du témoignage d'un chrétien. Il nous faut également profiter de nos conversations pour sonder s'il y a des portes ouvertes. Un bon moyen de le faire est de partager ton point de vue chrétien sur les sujets abordés par les non-chrétiens. Assure-toi par contre, que tu as déjà un bon témoignage de vie avant de partager ton point de vue chrétien, et fais-le toujours au sein d'une discussion amicale et non pas dans un monologue pour gagner ton point. Cela serait la meilleure façon de mettre fin aux relations avec ceux qui t'écoutent.

Dans chaque ville où Paul arrivait, s'il y avait une synagogue, il y entrait et répondait à la demande des responsables en apportant un enseignement, et ensuite il discutait avec eux. Son enseignement était basé sur des passages des Écritures <u>adaptés</u> à ces auditeurs, démontrant ou cherchant à démontrer que Jésus était le Christ, le Messie promis. Lorsqu'il rencontrait de l'opposition, il se retirait. Il ne cherchait pas à marteler les gens qui avaient ouvert une porte pour entendre l'Évangile.

Il recherchait toujours les endroits où les gens s'assemblaient. Quand il n'y avait pas de synagogue, il cherchait un lieu où les Juifs se regroupaient. C'est de cette manière que Lydie, la marchande de pourpre s'est convertie. Nous pouvons en lire le récit dans le livre des Actes (16.14). Parfois, c'était au marché public ou d'autres lieux populaires où il devait très certainement diriger les discussions vers des sujets spirituels. Voilà comment il arrivait à discuter avec les gens, tout en restant attentif à la réceptivité de ceux qui l'écoutaient.

Dans les Actes des apôtres, l'Évangile semblait toujours être amené à partir :

1. **<u>D'un événement</u>** (guérison, miracle) qui attirait l'attention des gens (Actes 8.6 : *Les foules tout entières étaient attentives à ce que disait Philippe, lorsqu'elles apprirent et virent les miracles qu'il faisait*). Lorsque ceux-ci s'approchaient pour voir ce qui se passait, une explication était apportée par l'évangéliste, et à la suite d'un temps de discussion, plusieurs se convertissaient. La même chose est arrivée lors de la Pentecôte. Les gens se questionnaient, alors les apôtres leur ont donné

## Ce qui ouvre les portes pour l'Évangile

un enseignement qui répondait à leurs interrogations. C'était un échange interactif.

2. **D'une demande** de la part des gens (Actes 13.5 : *après qu'on eut fait la lecture de la Loi et des prophètes, les chefs de la synagogue leur firent dire : Frères, si vous avez quelques mots à adresser à la communauté, vous avez la parole*). Cela m'est arrivé lorsque j'habitais dans le village de Saint-Grégoire, sur la rive-sud de Trois-Rivières. Au cours de l'été 1978, j'ai évangélisé le village et tous les rangs situés au nord, ainsi qu'une partie du village de Saint-Célestin. Un soir, la sœur d'un jeune homme, qui s'était converti à travers cet effort d'évangélisation, m'a demandé d'aller chez elle pour présenter l'Évangile. Elle avait invité plusieurs de ses connaissances pour qu'elles puissent entendre l'Évangile. À la suite de discussions et d'une présentation élaborée de l'Évangile, quelques personnes se sont converties, dont sa mère. La jeune fille en question ne s'est pas convertie, mais Dieu l'avait utilisée pour le salut d'autres personnes.

3. **D'une discussion** avec les gens. Le message de l'Évangile était apporté la plupart du temps de cette façon. Nous pouvons lire dans Actes 16.13 : « *Le jour du sabbat, nous nous sommes rendus hors de l'enceinte de la cité, au bord d'une rivière où nous supposions que les Juifs se réunissaient d'habitude pour la prière. Quelques femmes étaient rassemblées là. Nous nous sommes assis avec elles et nous leur avons parlé…* », et dans Actes 17.2-3, 17 : « <u>*Selon son habitude*</u>, *Paul s'y rendit et, pendant trois sabbats,* <u>*il discuta avec eux*</u> *sur les*

Écritures. Il les leur expliquait et leur démontrait que, d'après elles, le Messie devait mourir, puis ressusciter. Le Messie, disait-il, n'est autre que ce Jésus que je vous annonce... <u>Il discutait donc</u>, à la synagogue, <u>avec</u> les Juifs et les païens convertis au judaïsme <u>et</u>, <u>chaque jour</u>, sur la place publique, <u>avec</u> tous ceux qu'il rencontrait. » Ce sont là de bons exemples de discussions employés par les évangélistes du Nouveau Testament.

C'est là un aspect des plus importants dans le témoignage. Lorsque nous sommes en train de monologuer, nous cherchons trop souvent à convaincre l'auditeur en voulant imposer à son esprit les vérités bibliques. Il faut de préférence s'interrompre à l'occasion et vérifier si la réceptivité de la personne est bonne. Lorsqu'on demandait à Paul de parler en public de ses croyances, il répondait à leur demande tout en respectant le désir des gens s'ils lui enjoignaient de cesser de parler (Actes 17.32-33).

Certains cours d'évangélisation enseignent aujourd'hui ce genre d'approche. Par exemple, celui de James Kennedy, « Évangélisation Explosive », enseigne qu'il est préférable de vérifier l'arrière-plan religieux des personnes et de connaître leur vie de tous les jours avant même de commencer à leur présenter l'Évangile. Les camps de l'Espoir utilisent également une approche avec des sondages qui favorisent le dialogue plutôt que le monologue. Le fait de connaître et d'appliquer ces deux éléments importants t'obligent à t'intéresser à la personne, et c'est cet intérêt sincère qui ouvrira la porte.

## Ce qui ouvre les portes pour l'Évangile

> ➢ Prends encore un temps de réflexion sur ce que tu viens de lire. Que penses-tu de tout cela ? Vois-tu l'importance de ton témoignage personnel ? Les gens que tu côtoies savent-ils que tu es chrétien ? Savent-ils pourquoi tu cherches à bien agir, à avoir une bonne conscience ? Serais-tu prêt à être persécuté ou à subir la moquerie si ceux qui te côtoient apprenaient que c'est à cause de ta foi que tu cherches à vivre ainsi ? Prends le temps de regarder ces questions avec Dieu avant de continuer ta lecture et de noter ce que tu comptes faire pour améliorer ton approche avec les gens :

_____

_____

_____

_____

_____

_____

_____

_____

_____

_____

_____

_____

# CHAPITRE 3

## *Les gens ont besoin d'être respectés*

Un jour, un taxi-bus quittait Victoire, ville de Kinshasa au Congo en direction de Ndjili, transportant à son bord beaucoup de gens. L'autobus étant bondé, trois personnes durent se résigner à rester debout, courbées derrière la cabine du chauffeur. Arrivé au boulevard Sendwe devant l'église *Armée de l'Éternel du général Sony Kafuta*, le véhicule s'arrêta pour prendre une femme qui allait à Ndjili pour rencontrer son amie qui venait de perdre son père.

Cette femme portait sur son dos un bébé d'environ onze mois. En raison des difficultés du transport en commun, elle n'avait ni le temps ni la patience d'attendre un autre autobus. C'est ainsi qu'elle s'ajouta au nombre des personnes courbées derrière la cabine du chauffeur. Après un certain temps, la femme et son enfant inconfortablement installés commencèrent à éprouver des malaises. À cause de sa grande taille, il était impossible à cette pauvre mère de se tenir debout convenablement, de sorte que l'enfant se mit à pleurer parce qu'il étouffait dans cette position gênante. Un homme d'environ quarante-deux ans était assis tout près de cette femme, et depuis le départ au rond-point Victoire, il se présentait comme étant évangéliste.

Cet homme prêchait depuis une quinzaine de minutes malgré les conditions très difficiles de son auditoire. Les pleurs de l'enfant ayant rendu pénible la transmission du message de l'Évangile, cet évangéliste pria alors à haute voix afin que l'enfant puisse cesser de pleurer. Toutefois, loin de se taire, l'enfant se mit à vagir de plus belle, à cause de cette posture insoutenable. Furieux, l'évangéliste dit : « Cet enfant est possédé, c'est pour cela qu'il lui est impossible de se calmer. C'est sans doute l'esprit satanique qui le fait pleurer comme cela pour empêcher les gens d'écouter la Parole de Dieu. » À ce moment-là, un jeune garçon d'environ vingt-deux ans, qui était assis à côté de cet homme riposta : « C'est plutôt toi qui es possédé d'un démon. Tu es resté sourd et muet à la souffrance de cette femme indisposée, ainsi qu'aux pleurs de son enfant. Cesse de nous déranger. » Après avoir agi de la sorte, le vaillant garçon se mit

## Les gens ont besoin d'être respectés

debout et céda avec joie sa place à la pauvre mère. Touchée par ce geste, une jeune fille prit l'enfant dans ses bras et lui offrit des biscuits et un peu d'eau pure et allégea de cette manière le fardeau de la mère. L'enfant se calma immédiatement. Tout le monde à bord du taxi-bus apprécia le geste posé par ces deux jeunes personnes, geste qui montrait dans la circonstance une bien meilleure prédication que celle de l'évangéliste qui manqua vraiment de retenue et de délicatesse. Sous la huée des passagers à bord du véhicule, il se tut, vexé et confus jusqu'à sa descente à Ndjili.[1]

Se lever pour parler de Jésus aux autres ne peut être associé à des cris ou à un manque de respect. Cela s'applique aussi pour nous envers ceux qui nous sont proches, ou envers tous ceux que nous rencontrerons au cours de notre vie. L'apôtre Pierre enseigne dans sa première épître que lorsque nous partageons notre foi avec quelqu'un, qu'il s'agisse d'un étranger, de nos enfants, de nos parents, de notre conjoint, de notre voisin, de nos amis, d'un collègue de travail, ou de quelque autre personne, nous devons le faire avec douceur et respect (1 Pierre 3.15).

*

Supposons que j'ai en ma possession un remède pour la calvitie et que m'approchant d'un homme chauve, je lui lance énergiquement : « Savez-vous que vous avez un problème ? Vous êtes chauve ! » Cela l'aiderait-il ? Non ! Je pourrais, en outre, entrer avec lui dans les détails : « Vous êtes chauve parce que vous n'avez aucun

---
[1] Tiré de *Prêcher l'évangile par les actes,* article de José Makandelo Sekwa

cheveu ! Vos cheveux sont tous tombés. Votre tête ressemble à une boule de billard. Vous pouvez essayer de tromper les autres lorsque vous couvrez votre calvitie d'un chapeau, mais vous ne me trompez pas et vous ne trompez pas Dieu non plus. Il voit ce qui est en dessous de votre chapeau. »

Ceci est un exemple outrancier, toutefois, j'aimerais te faire remarquer une chose : tout ce que j'ai mentionné jusqu'ici est la vérité pure et simple, mais elle n'est pas apportée de manière à aider et à transformer les gens. Il n'y a aucun respect dans cette forme d'évangélisation ! Malheureusement, beaucoup de chrétiens agissent de cette façon. J'ai déjà vu une caricature où l'on voyait un chrétien qui brandissait sa bible au-dessus d'un non-chrétien étendu sur le sol cherchant à la lui faire entrer dans la tête. Dans les premiers mois suivant ma conversion, c'est à peu de chose près la méthode que j'utilisais, et plusieurs d'entre nous l'ont sans doute appliquée. Aussi, j'ai dû personnellement revoir plusieurs personnes, dont mes parents, mes frères et sœurs, pour leur demander pardon quant à la façon dont je les avais abordés.

Tu connais peut-être certains chrétiens qui ont ce genre d'approche ! Plusieurs, pour la justifier, vont te citer des exemples de la Parole de Dieu, comme l'exemple de Jean le Baptiste qui criait en disant *« … à ceux qui venaient en foule pour être baptisés par lui : Races de vipères, qui vous a appris à fuir la colère à venir ? »* (Luc 3.7), ou l'exemple de Jésus qui a apostrophé les pharisiens et qui criait assez fort pour que

## Les gens ont besoin d'être respectés

tout le monde l'entende : « ...*Malheur à vous, scribes et pharisiens hypocrites ! ... Serpents, race de vipères ! comment échapperez-vous au châtiment de la géhenne ?* » (Matt. 23.13,33.) Ces passages doivent être compris dans leur contexte.

En premier lieu, Jésus a dit cela aux pharisiens à la fin de son ministère. Si tu examines très attentivement la façon dont il les a abordés tout au long de son ministère terrestre, il le faisait généralement avec beaucoup de respect. Il leur racontait des histoires pour les forcer à réfléchir et à lui poser des questions. Pourtant, par leur obstination, leur endurcissement et leur désir de se débarrasser de lui, le Seigneur Jésus a fini par leur dire leurs quatre vérités.

En second lieu, il ne faut pas oublier que Jean-Baptiste et le Seigneur Jésus s'adressaient aux Juifs. Ces Juifs étaient le peuple de Dieu, un peuple connaissant les Écritures dès leur enfance, mais qui vivait d'une manière impropre à leur vocation. Comme l'apôtre Paul l'a si bien dit : « *Mais toi, tu portes le nom de Juif, tu t'appuies sur la loi et tu es fier de ton Dieu ; tu connais sa volonté et la loi t'a enseigné à choisir ce qui est bien ; tu crois être un guide pour les aveugles, une lumière pour ceux qui sont dans l'obscurité, un éducateur pour les ignorants et un maître pour les enfants, parce que tu es sûr d'avoir dans la loi l'expression parfaite de la connaissance et de la vérité. Eh bien ! toi qui fais la leçon aux autres, pourquoi ne la fais-tu pas à toi-même ? Toi qui prêches qu'on ne doit pas voler, pourquoi voles-tu ? Toi qui interdis l'adultère, pourquoi en commets-tu ? Toi qui détestes les idoles, pourquoi pilles-tu leurs temples ? Tu es fier de la loi, mais tu déshonores Dieu en faisant le contraire de ce qu'ordonne sa loi ! En effet, l'Écriture l'affirme : "À cause de vous, les autres peuples se moquent de Dieu."* » (Romains 2.17-23)

Tu ne trouveras aucun exemple dans les Écritures où les apôtres ont abordé les gens d'une manière irrespectueuse, sauf l'apôtre Pierre lorsqu'il s'est adressé aux Juifs à la Pentecôte et devant le sanhédrin ! Toutefois, il s'adressait encore une fois au peuple de Dieu ! Il les a abordés en leur disant qu'ils étaient les meurtriers du Seigneur Jésus, mais en définissant à l'avance les prophéties de l'Ancien Testament concernant Jésus. Il cherchait à les éclairer, pour ensuite leur faire prendre conscience qu'ils avaient crucifié leur Messie. C'est avec cette approche qu'il leur a apporté la bonne nouvelle de la grâce de Dieu.

Respecter les gens dans notre façon de leur présenter la vérité devrait se faire selon cet exemple : « Monsieur, j'ai une bonne nouvelle pour vous. Vous n'avez plus besoin d'être chauve désormais. Si vous aspergez cette poudre sur votre tête, vous favoriserez la repousse de vos cheveux. J'étais moi-même chauve pendant une bonne période de ma vie, mais maintenant vous pouvez voir comme j'ai beaucoup de cheveux. Cela a fonctionné pour moi, cela a fonctionné pour des milliers d'autres et cela fonctionnera également pour vous. J'aimerais vous offrir ce remède. Tout ce que vous avez à faire, c'est d'en mettre sur votre tête deux fois par jour et votre vie ne sera jamais plus la même après cela. »

## Les gens ont besoin d'être respectés

S'il a déjà conscience qu'il est chauve, ce dont il a besoin, c'est d'un remède (s'il existe). S'il n'en a pas encore conscience, ce dont il a besoin, c'est de quelqu'un qui lui en parle avec douceur et respect et qui cherche à conduire cette personne vers la bonne solution.

*

Un jour, un jeune homme dans la vingtaine téléphona à son père pour lui demander son aide. Ce dernier, qui était dans son bureau en compagnie d'un ami, ne s'est pas gêné pour décrire à son fils à l'autre bout du fil toutes les choses qu'il faisait de mal. En fait, son fils vivait dans le péché avec sa petite amie, il buvait à l'excès et dépensait son argent sottement. Tous ces péchés l'avaient conduit à creuser de plus en plus vers le bas, dans un chemin le menant tout droit à la misère. En réalité, il y était déjà ; il avait fini par toucher le bas-fond et c'est sans doute ce qui l'avait incité à téléphoner à son père. Comme son ami était assis écoutant ce père gronder son fils au téléphone, il espérait entendre son ami offrir à son fils ce qu'il avait le plus besoin. Il espérait qu'il lui dise : « Mon fils, tu ne dois plus vivre comme cela. Il y a une meilleure voie. Tu as besoin d'une vie transformée par l'expérience avec Jésus- Christ. Si tu le laisses entrer dans ta vie et changer ton cœur, tu ne continueras plus à vivre de cette manière. Détourne-toi de tes péchés et mets ta foi en lui. » Il espérait qu'il lui dise cette grande vérité, la seule qui pouvait apporter une transformation à son immoralité. Toutefois, ce père n'a jamais saisi cette occasion pour gagner son fils à l'Évangile. Il a choisi de le critiquer lui jetant à pleine figure la liste de ses péchés.

Je pense que le problème se trouvait plus au niveau de cet homme que de son fils. Lorsque tu témoignes aux gens, tu dois leur dire la vérité sur leur péché afin qu'ils reconnaissent celui-ci, mais avec respect, en t'empressant ensuite de leur parler de la grâce de Dieu qui pardonne le péché, qui sauve le pécheur, qui transforme les vies de tous ceux qui se confient en Lui ! Les gens ont surtout besoin de savoir qu'il y a une solution à leur problème. Jésus-Christ a pourvu à cette solution à la croix du Calvaire.

## *Attention à la manipulation !*

Une forme plus subtile du manque de respect dans l'évangélisation est la manipulation. Nous pouvons avoir recours dans l'évangélisation à certaines « techniques » pouvant conduire une personne dans une disposition d'esprit rendant propice son acceptation de l'Évangile.

Par exemple, nous pouvons manipuler la personne en lui posant une série de questions d'une manière qui rende difficile à celle-ci d'être en désaccord avec ce que nous disons, exigeant ainsi un « oui » comme réponse.

Après avoir lu Romains 3:23, « ... *tous ont péché et sont privés de la gloire de Dieu.* », nous pouvons soutenir un doigt légèrement au-dessous du niveau de

## Les gens ont besoin d'être respectés

l'œil de la personne et lui dire : « Maintenant, Pierre, combien de fois devons-nous pécher pour être un pécheur ? » Bien sûr, leur réponse sera « une seule fois ». Après tout, nous soutenons « un doigt » à la hauteur de ses yeux. Après plusieurs questions bien posées, nous pouvons conclure « l'exposé » en leur donnant deux options différentes pour accepter Christ. Par exemple, nous pouvons dire : « Aimerais-tu, Pierre, que nous priions ici pour que tu acceptes le Seigneur Jésus-Christ comme ton Sauveur, ou préférerais-tu que nous allions prier ensemble chez toi ? »

Parfois, l'évangélisation peut ressembler à de la vente sous pression ! Nous faisons tous ce genre d'erreurs. Nous aimons souvent mettre de la pression parce que nous voudrions tant que cette personne se convertisse au plus tôt, en particulier si c'est un membre de la famille ou un ami proche.

Cependant, les gens ont besoin d'accepter la grâce que Dieu leur offre par conviction personnelle. Une personne doit prendre cette décision pour elle-même, dans un temps qui lui est propre, sans être sous la pression d'un autre. Personne ne devrait se convertir sous pression. C'est le ministère de l'Esprit de Dieu de convaincre de péché les gens perdus.

Bien sûr, il y a des cas d'exceptions. Si, en présentant l'Évangile, tu vois clairement que la personne a réellement compris et qu'elle est prête à recevoir la grâce de Dieu dans sa vie, alors invite-la à prier sur-le-champ, librement et sans contrainte !

Je l'ai fait à plusieurs occasions dans mes années de vie chrétienne. Vers la fin de l'année 2003, je discutais avec un homme qui était atteint de la maladie de Parkinson et qui assistait depuis un certain temps à l'église. Je m'occupais de lui depuis quelques mois déjà, et il semblait lui manquer un élément dans sa vie spirituelle. Ce soir-là, je l'ai questionné au sujet de son salut, et il m'apparut manifeste qu'il n'était pas sauvé. Dans la circonstance, j'ai regardé les Écritures avec lui, et il a réalisé qu'il n'avait jamais compris l'Évangile. Je voyais qu'il était prêt, qu'il était un fruit mûr. Je lui ai alors demandé s'il aimerait que l'on prie ensemble. Il m'a répondu par l'affirmative, et là, dans cette chambre, quelques mois avant sa mort, il a répété après moi une prière toute simple et a fait l'expérience de la grâce de Dieu. Quelle transformation j'ai vue dans cet homme dans les semaines qui ont suivi ! Ceux qui faisaient partie de notre groupe de prières du mercredi soir ont pu également observer la transformation dans sa vie.

Oui, il se présente des occasions où l'on doit inviter une personne à accepter sans délai la grâce de Dieu. Par contre, ce qu'on ne doit pas faire, c'est de conduire au salut une personne sous pression, dans un entonnoir où on l'invite à se courber.

Si une personne a vécu sans Dieu pendant de nombreuses années, n'allons pas croire qu'elle va prendre une décision aussi importante seulement quelques minutes après avoir engagé la conversation. La réalité est bien différente ! N'oublions pas l'œuvre de Dieu dans la conversion d'une personne. En fait, je n'ai été qu'un instrument utilisé par Dieu dans un temps propice pour cet homme. Au cours des années qui ont précédé sa conversation, Dieu avait travaillé dans sa vie et l'avait préparé pour cet instant précis. On ne fait qu'entrer dans le plan de Dieu pour le salut d'une personne. C'est ce que l'apôtre Paul a dit aux Corinthiens : « *Chacun de nous accomplit le devoir que le Seigneur lui a confié : j'ai mis la plante en terre, Apollos l'a arrosée, mais c'est Dieu qui l'a fait croître* » (1 Corinthiens 3.6,7). Notre rôle est de prier et d'être disponible.

Rick Warren, dans son livre « L'Église, une passion, une vision », emploie l'exemple suivant pour faire comprendre cette vérité : « Que feriez-vous si vous alliez dans un restaurant et que le serveur était debout à votre table exigeant que vous commandiez le bifteck : "Vous devez prendre le bifteck et vous devez le prendre tout de suite. Aujourd'hui est le jour du bifteck ! Si vous ne prenez pas de bifteck aujourd'hui, vous ne pourrez jamais avoir une autre chance de le prendre de nouveau !" Feriez-vous confiance à un serveur qui tenterait de faire pression sur vous dans votre choix de menu ? Bien sûr que non ! Vous voulez prendre le temps de regarder le menu et faire votre propre choix. »

Nous devons laisser aux personnes la liberté de réfléchir avant de prendre une décision. C'est de cette façon que procédait l'apôtre Paul. Il a affirmé dans sa première lettre aux Corinthiens : « *Quand je suis allé chez vous, frères, pour vous révéler le plan secret de Dieu, je n'ai pas usé d'un langage compliqué ou de connaissances impressionnantes... Mon enseignement et ma prédica-*

*tion n'avaient rien des discours de la sagesse humaine, mais c'est la puissance de l'Esprit divin qui en faisait une démonstration convaincante. Ainsi, votre foi ne repose pas sur la sagesse des hommes, mais bien sur la puissance de Dieu »* (1 Corinthiens 2.1, 4,5).

> ➢ Prends un temps d'arrêt pour réfléchir à tout ce que tu viens de lire. Penses-tu que le respect envers les non-chrétiens est important ? Penses-tu qu'il est facile de tomber dans la manipulation lorsque l'on présente l'Évangile ? Décris brièvement, ci-dessous, l'attitude que tu adopteras lorsque tu annonceras l'Évangile.

# CHAPITRE 4

## *Les gens sont responsables de leur choix*

Suivre Jésus-Christ s'inscrit dans un engagement à long terme, soit une vie entière ! Le Saint-Esprit a besoin de produire une œuvre de conviction dans notre cœur bien avant de prendre notre décision. Il ne cherche pas à faire seulement de nous des « convertis ». Bien plus, il veut faire de nous des « disciples » du Seigneur Jésus-Christ ! Voilà pourquoi Jésus lui-même a dit : « *Celui qui vient à moi doit me préférer à son père, sa mère, sa femme, ses enfants, ses frères, ses sœurs, et même à sa propre personne. Sinon, il ne peut pas être mon disciple. Celui qui ne porte pas sa croix pour me suivre ne peut pas être mon disciple* » (Luc 14.26,27). C'était là le sens des paroles de l'apôtre Paul lorsqu'il disait au roi Agrippa : « *Et ainsi, roi Agrippa, je n'ai pas désobéi à la vision qui m'est venue du ciel. Mais j'ai prêché d'abord aux habitants de Damas et de Jérusalem, puis à ceux de toute la Judée et aux membres des autres nations ; je les ai appelés à changer de comportement, à se tourner vers Dieu et à montrer par des actes la réalité de ce changement* » (Actes 26.19,20).

Voilà pourquoi il est important de permettre aux gens de réfléchir « consciencieusement » avant de prendre une décision, après avoir entendu toute la vérité ! C'est pour cette raison que Jésus a aussi affirmé : « *Si l'un de vous veut construire une tour, il s'assied d'abord pour calculer la dépense et voir s'il a assez d'argent pour achever le travail. Autrement, s'il pose les fondations sans pouvoir achever la tour, tous ceux qui verront cela se mettront à rire de lui en disant : cet homme a commencé à construire, mais a été incapable d'achever le travail !... Ainsi donc, ajouta Jésus, aucun de vous ne peut être mon disciple s'il ne renonce pas à tout ce qu'il possède.* »

Porter sa croix fait partie d'un langage peu compris aujourd'hui. Ne vivant pas au temps des Romains, il est difficile de nos jours de saisir cette image. Une personne devant porter sa croix avait précédemment été condamnée à la crucifixion et s'en allait au lieu de sa condamnation. Le croyant qui porte sa croix pour suivre Jésus a accepté d'abandonner ce qui se trouve derrière lui pour tout ce qui se situe désormais devant lui. On n'a pas le droit de présenter aux gens un Évangile à l'eau de rose !

Si on empêche la personne de réfléchir soigneusement avant de prendre sa décision, Jésus a mentionné dans la parabole du semeur que notre semence tombera dans des endroits pierreux ou parmi des épines. Si elle tombe dans des endroits pierreux, elle manquera de racines et aussitôt que l'épreuve ou les persécutions viendront, ces « convertis » y trouveront une occasion de chute. Si notre semence tombe parmi les épines, les soucis, les convoitises de la vie, les richesses du monde, les séductions de toutes sortes étoufferont cet Évangile trop facile.

Il est important, lorsque tu présentes l'Évangile à quelqu'un, de lui parler de sa propre condition spirituelle devant Dieu ; c'est la partie la plus difficile à accepter. Chacun a besoin de comprendre qu'il est perdu et que le Seigneur lui offre une vie nouvelle, qui ne sera pas toujours aisée, mais elle sera extraordinaire parce que vécue avec Dieu. Les gens doivent entendre une présentation honnête de l'Évangile et avoir le temps d'y réfléchir avant de prendre une décision. Cependant, leur décision ne repose nullement sur toi !

\*

Il existe une pièce de théâtre où les comédiens se trouvent sur deux tapis roulants parallèles se déplaçant dans une direction opposée. C'est une histoire qui se déroule dans l'au-delà après la mort. Un tapis roulant conduit au ciel, l'autre en enfer. Il y a un jeune homme sur le tapis roulant qui monte vers le ciel et comme il se trouve sur ce tapis, des gens passent à côté de lui sur l'autre tapis qui descend vers l'enfer. Comme ils passent près de lui, chacun crie dans son désespoir : « Pourquoi ne m'as-tu pas parlé de Jésus ? Tu étais mon compagnon de chambre ! Nous avons travaillé ensemble ! Nous étions dans le groupe de jeunesse ensemble ! Pourquoi ne m'as-tu pas parlé de Jésus ? Maintenant je vais en enfer ! » et, implicitement : « c'est ta faute ! » Comme il observe ces gens qui passent devant lui, il est rempli de honte. « Pourquoi ne leur ai-je pas parlé ? J'avais tant d'occasions de le faire, pourquoi n'ai-je pas pris le temps ? » La pièce se termine au moment où il regarde plus loin vers le bas du tapis roulant en disant : « Oh non ! Est-ce vraiment vous, maman et papa ? » Alors, il tombe sur ses genoux dans la douleur, et les rideaux se ferment.

Évidemment, la théologie de cette pièce de théâtre laisse à désirer ! Il y a ici l'idée que si quelqu'un va en enfer, cela pourrait être ta faute ou la mienne. Plusieurs se basent sur l'exemple d'Ézéchiel pour véhiculer cette pensée : « *Fils de l'homme, je t'établis comme sentinelle sur la maison d'Israël. Tu écouteras la parole qui sortira de ma bouche, et tu les avertiras de ma part. Quand je dirai au méchant : tu mourras ! si tu ne l'avertis pas, si tu ne parles pas pour détourner le méchant de sa mauvaise voie et pour lui sauver la vie, ce méchant mourra dans son iniquité, et je te redemanderai son sang. Mais si tu avertis le méchant, et qu'il ne se détourne pas de sa méchanceté et de sa mauvaise voie, il mourra dans son iniquité, et toi, tu sauveras ton âme* » (Ézéchiel 3.17-19 Version Louis Second).

Si on veut utiliser le ministère d'Ézéchiel pour soutenir cette thèse de responsabilité, c'est de mal comprendre le rôle d'Ézéchiel. Il était beaucoup plus un pasteur qu'un évangéliste. Il devait seulement répondre du peuple de Dieu qui se trouvait captif à Babylone. J'aimerais te faire remarquer, encore une fois, qu'il devait s'adresser au peuple de Dieu qui avait vécu à Jérusalem, avant leur déportation par le roi babylonien Nébucadnetsar. C'est à cause de leur idolâtrie que Dieu avait déporté ces Israélites dans les environs de Babylone. Ézéchiel, qui se trouvait parmi les déportés, exerçait un ministère prophétique au milieu d'eux. Dieu donnait des visions à Ézéchiel par rapport à ce qui se passait encore dans la ville de Jérusalem et qui était abominable. Il lui commandait d'avertir le peuple du châtiment qui l'attendait s'il refusait de se repentir. Dieu lui disait : « En tant que prophète, tu vas avertir ces Israélites et leur souligner leurs quatre vérités. Si tu ne le fais pas, alors ils vont mourir dans l'ignorance, et toi comme pasteur tu vas rendre compte des âmes de ces personnes. »

Ce n'est pas tellement différent des responsabilités qui sont confiées aux pasteurs d'églises. Ils auront également à rendre compte pour chaque chrétien que Dieu leur confie. Ézéchiel avait à rendre compte à Dieu des brebis qu'Il lui avait confiées, même si ces brebis étaient des « moutons noirs ». Dieu n'a-t-il pas dit par l'auteur de l'épître aux Hébreux : « *Obéissez à vos conducteurs, acceptez leur autorité et soumettez-vous à leur direc-*

tion, car le bien de vos âmes est leur souci constant. Ils veillent sur vous puisqu'ils devront un jour en rendre compte à Dieu. Qu'ils puissent s'acquitter de leur tâche avec joie et non pas dans la tristesse et la peine — ce qui ne vous serait d'aucun avantage* » (Hébreux 13.17 : Version Parole Vivante).

Dieu donne aux anciens la responsabilité de veiller sur toutes les brebis qu'il leur confie. Personnellement, j'ai pleinement conscience de ce devoir, et c'est pour cette raison que je m'efforce de marcher tout prêt de Dieu. De l'autre côté, tu répondras de la manière dont tu auras facilité la vie aux anciens dans l'église. En tant qu'époux et père de famille, j'aurai à rendre compte de la façon dont je me suis occupé de mon épouse et de mes enfants, parce que Dieu m'a confié cette responsabilité. C'est pour cette raison que le premier test pour le ministère d'ancien se situe au foyer. S'il est en mesure de prendre soin de celui-ci, il agira de même envers l'église.

Alors, ne pense pas que tu es responsable de la destinée éternelle de toutes les âmes que Dieu te fait côtoyer ! Qui voudrait porter un fardeau comme celui-là ? La Bible n'enseigne pas ce genre de chose. Ma responsabilité se situe dans la tâche que Dieu me confie, et pour moi c'est celle d'« être pasteur », aussi je rendrai compte de la façon dont j'aurai accompli cette tâche. De la même manière, ta responsabilité se situe dans la tâche que Dieu te confie, celle d'« être son témoin ». Tu auras à rendre compte à Dieu de la façon dont tu auras agi en tant que témoin, mais tu n'as pas la responsabilité de la destinée éternelle des gens.

En conséquence, tu ne dois pas partager ta foi avec les gens pour éviter de vivre un sentiment de contrition après la mort de ces personnes. Tu dois simplement le faire pour une seule raison : parce que Dieu a transformé ta vie et tu n'as pas le droit de garder cela pour toi. Dieu s'attend à ce que tu partages aux autres ce que Jésus a fait et est en train de faire dans ta vie et ce qu'il aimerait faire dans leur vie ! Il désire que tu les respectes dans ta façon de procéder, dans leur droit de réfléchir avant de prendre leur décision et dans la responsabilité de leur propre choix.

Ce qui ne veut pas dire de baisser les bras ! Il faut persévérer dans la prière et rechercher des occasions de leur faire du bien. C'est ce que mon épouse et moi avons fait pour son père, qu'elle n'avait plus revu depuis l'âge de douze ans et qu'elle a retrouvé en 1984. Nous l'avons entouré et avons pris soin de lui pendant huit ans, et j'ai eu la joie de le voir se convertir véritablement sur son lit de mort. Ma belle-mère et la tante de mon épouse, que nous avons commencé à évangéliser en 1976, se sont également converties en 1983, soit sept ans plus tard. Maurice, un de mes compagnons de travail avec qui j'enseignais la conduite automobile et que j'ai commencé à évangéliser en 1978 s'est converti dix-neuf ans plus tard, quelques mois avant sa mort. Je pourrais citer plusieurs autres exemples comme cela. C'est très rare que l'on puisse conduire une personne au Seigneur la première fois qu'on lui annonce l'Évangile sans que personne lui en ait parlé auparavant. On ne fait qu'entrer dans le travail de Dieu.

*

Une femme bien connue aujourd'hui a appris une leçon importante alors qu'elle était étudiante en géologie. « J'ai choisi la géologie parce que je pensais qu'elle était la moins scientifique des sciences, a-t-elle dit à un auditoire à l'Université Smith. Lors d'une sortie éducative, tandis que chacun était en train de regarder la rivière Connecticut, et que je ne portais aucune attention à l'activité du groupe, j'aperçus une tortue géante qui s'était éloignée de la rivière. Elle avait rampé sur un chemin de terre battue pour se retrouver dans la boue en bordure d'une route et était apparemment sur le point de ramper sur la route, au risque d'être écrasée par une voiture.

Ainsi, continua-t-elle, étant une bonne Samaritaine, je l'ai tirée, poussée et tirée jusqu'à ce que j'aie pu porter cette tortue énorme, lourde et fâchée, hors de danger. J'étais juste sur le point de la remettre dans la rivière quand mon professeur de géologie, arrivant sur le fait, a dit : cette tortue a probablement passé un mois à ramper sur le chemin de terre battue pour aller enfouir ses oeufs dans la boue à côté de la route, et vous la remettez à la rivière avant qu'elle ait pu le faire. Eh bien, je me suis sentie vraiment mal à l'aise ! Dans les années qui suivirent, je me suis rendue compte que cette aventure m'a fait comprendre la folie d'agir avec

# Les gens sont responsables de leur choix

impulsion dans la vie. Vous pouvez toujours le demander à la tortue ! » [1]

Dans notre façon de communiquer l'Évangile, nous pouvons tous agir comme cette jeune femme : même avec la meilleure des intentions, notre approche peut être plus nuisible que bénéfique. Il faut réaliser que chaque personne que nous côtoyons a ses propres caractéristiques, son propre cheminement dans la vie et son propre arrière-plan spirituel. Respecter une personne signifie qu'il est tout à fait logique de s'informer auprès d'elle, si elle veut bien s'ouvrir à nous, de son arrière-plan, ainsi que de son cheminement religieux. Voilà ce que j'aimerais maintenant regarder avec toi dans les prochains chapitres de ce livre.

Tu découvriras que l'œuvre de Dieu ne commence pas au moment où tu ouvres la bouche pour lui présenter l'Évangile ! Je suis certain que tu peux reculer bien loin dans ta vie et voir l'œuvre de Dieu te préparer progressivement pour le jour de ta conversion. Nous ne conduisons pas vraiment quelqu'un à recevoir la grâce salvatrice de Dieu dans sa vie ; nous sommes plutôt l'instrument ou le canal par lequel Dieu conduit cette personne à la croix du Calvaire. Nous ne faisons qu'entrer et participer dans l'œuvre que Dieu a déjà débutée.

Soyons, en conséquence, attentif et à l'écoute de Dieu, puis, entrons dans son œuvre en évangélisant d'une manière franche, mais respectueuse.

---

1 Source : Gloria Steinem, Bits and Pieces magazine. Found at Inspiration Pointe

➤ Prends un temps d'arrêt pour réfléchir à ce que tu viens de lire. Quel genre d'Évangile as-tu reçu avant ta conversion ? Avais-tu vraiment conscience que tu étais séparé de Dieu par tes péchés, et que la bonne nouvelle que l'on t'annonçait avait pour but de te faire comprendre que Jésus avait pris sur lui, à la croix, la condamnation de tes propres péchés, permettant ainsi à Dieu de t'offrir le pardon de tous tes péchés selon les richesses de sa grâce ? Penses-tu qu'il soit important pour une personne de saisir ces vérités ? Prends le temps de noter ce que tu comptes faire dans ton approche avec les gens :

_____

_____

_____

_____

_____

_____

_____

_____

_____

_____

_____

_____

# CHAPITRE 5

## *La présentation du témoignage personnel*

Le Saint-Esprit nous dirige de diverses façons pour témoigner dépendamment des situations. Les gens n'ont pas tous le même cheminement spirituel, d'où l'importance d'être au fait de celui-ci. Nous cherchons, la plupart du temps, à présenter trop rapidement l'Évangile sans connaître les croyances des personnes à qui nous nous adressons. C'est là la principale erreur généralement commise par les chrétiens.

Si tu apportes l'Évangile à quelqu'un qui ne croit pas en Dieu, et que tu n'en tiens pas compte, soit par ignorance ou par empressement, tes paroles n'auront qu'un faible impact dans son cœur. Si dans les convictions de cette personne, Dieu n'est pas le Créateur de cet univers ou Jésus est simplement un prophète, un simple homme ou un beau parleur, ce que tu diras aura très peu de valeur à ses yeux, même si tu lui exposes clairement l'Évangile. Tes belles paroles auront sensiblement sur cette personne le même effet que l'eau sur le dos d'un canard. L'Évangile ne la pénètre pas, non parce que tu le présentes mal, mais parce que tu ne tiens pas compte ou ne prends pas le temps de vérifier où cette personne se situe dans ses croyances. Ce qui ne veut pas dire, cependant, que tu le lui auras exposé en vain.

Néanmoins, fais en toutes circonstances attention de ne pas t'appuyer sur une méthode en pensant au fond de toi-même qu'elle sera la source de ton efficacité. Les gens ne peuvent pas tous être approchés de la même façon. Cela n'enlève pas l'importance de présenter l'Évangile d'une manière systématique, mais il te faut tenir compte des diverses étapes à franchir avec les gens si tu veux qu'ils comprennent le message qui peut les conduire au salut. Rappelle-toi constamment que c'est l'Esprit de Dieu qui accomplit l'œuvre de conviction dans leur cœur.

Au départ, il est préférable de situer la personne dans ses croyances. Ceci ne peut se faire qu'en ayant un intérêt sincère envers ceux que Dieu place sur ta route. Les gens vont partager ce qu'ils croient s'ils sentent que tu t'intéresses à eux pour ce qu'ils sont, et non pour ce que tu veux leur présenter ! Leur vie normale de chaque

## La présentation du témoignage personnel

jour est la chose à laquelle je t'encourage à t'intéresser en premier lieu. Cherche à connaître sincèrement la personne à qui tu t'adresses, surtout si tu la côtoies régulièrement. C'est avant tout à partir des conversations que tu découvriras ce qu'elle croit réellement. De cette façon, tu pourras mieux discerner la bonne manière de l'aborder avec l'Évangile, et Dieu te donnera des occasions pour lui témoigner de ta foi.

*

Lorsque j'étais dans l'enseignement de la conduite automobile, un jeune homme qui prenait sa première leçon avec moi, et qui avait remarqué mon Nouveau Testament des Gédéons en s'asseyant dans l'automobile, m'a fait le commentaire suivant : « Je ne veux rien savoir de cela ! » Je lui ai répondu qu'il n'avait pas à s'inquiéter, que je l'apportais pour lire durant mon heure de repas. Chaque élève apprenant la conduite manuelle passait en moyenne dix heures de cours pratique avec moi. Je me suis toujours appliqué à donner un enseignement permettant aux étudiants de maîtriser adéquatement la conduite manuelle, cherchant à faire d'eux des conducteurs responsables. J'étais reconnu, en toute modestie, comme un des bons enseignants dans ce domaine, de sorte que l'on m'a demandé de transmettre aux autres enseignants les techniques que j'avais développées.

J'attendais généralement à la huitième leçon, la leçon sur les routes de campagne, avant d'aborder des sujets d'ordre spirituel avec les étudiants. Au cours des sept premières heures, en plus d'enseigner tout ce qui était important d'assimiler au niveau de la conduite, nous échangions sur différents sujets, ce qui me permettait de mieux les connaître. Les échanges ne se faisaient jamais avec un motif égoïste de ma part. Au contraire, je m'intéressais sincèrement à chacun d'eux. De cette façon, un climat de confiance se créait entre nous, ce qui m'a permis de présenter l'Évangile à la majorité de mes étudiants sans qu'ils se sentent harcelés ou piégés.

C'est d'ailleurs au cours de cette huitième leçon que je suis revenu sur la réaction de ce jeune homme, avec qui j'avais maintenant une bonne relation. Je lui ai alors demandé pourquoi il avait une telle aversion pour les Écritures. Il a commencé à me raconter qu'un de ses amis était entré en psychiatrie parce qu'il lisait la Bible. J'ai pu doucement lui faire prendre conscience, <u>en utilisant mon propre témoignage de conversion</u>, que la Bible n'était pas vraiment le problème, de telle sorte qu'il est sorti de l'auto en acceptant un Nouveau Testament. Je ne sais pas ce qui est arrivé après, puisque je ne l'ai jamais revu comme pour la majorité de mes étudiants, à part ceux qui se sont convertis ; néanmoins, j'ai pu lui apporter l'Évangile en lui racontant ce que Dieu avait accompli dans ma vie et ce qu'il aimerait faire dans la sienne. Je n'aurais jamais pu le faire si je n'avais pas cherché sincèrement à le connaître, tout en lui enseignant la conduite manuelle comme Jésus l'aurait fait, et à comprendre pourquoi il avait une telle aversion à l'égard de la Bible !

Dans certaines circonstances, tu trouveras qu'il est plus approprié de partager ton témoignage de conver-

## La présentation du témoignage personnel

sion. Il se peut que tu n'aies pas le temps ou que la personne ne soit pas prête à entendre une présentation de l'Évangile ; alors, ton témoignage personnel te sera des plus utiles. Il te serait donc avantageux d'apprendre à le faire. Dans le cas de ce jeune homme, j'ai pu lui présenter clairement le salut en lui partageant ma propre expérience de vie. Je l'ai fait à maintes reprises depuis ma conversion. Ton témoignage personnel te permet d'apporter l'Évangile clairement, sans que les gens se sentent menacés, puisque c'est ta propre expérience que tu leur exposes.

Si tu juges, après l'avoir exposé, que la personne est prête à aborder les questions d'ordre spirituel, tu peux alors utiliser quelques questions opportunes pouvant aider à ouvrir la porte pour une présentation du « Pont ». Tu peux lui poser les questions suivantes :

- Est-ce que tu crois en Dieu ?
- Qui est-il au juste pour toi ?

- Est-ce que tu crois en Jésus-Christ ?
- Qui est-il au juste pour toi ?

Ces questions ne sont pas compliquées à retenir et elles peuvent te permettre, si la situation te pousse à les poser, d'entrer rapidement dans le vif du sujet. Tu peux avoir tes propres questions, dans la mesure où elles te permettent de connaître les croyances de la personne. Les réponses que tu obtiendras peuvent être surprenantes.

Par exemple, s'il t'arrive de parler avec des gens que tu sais ne jamais revoir, comme lorsque tu prends avec toi dans ton automobile une personne qui fait de l'auto-stop, il te sera avantageux d'utiliser les questions ci-dessus ! Si ses réponses sont toujours positives, ce qui est assez rare, et qu'elle répond : « Oui, je crois en Dieu, c'est le Créateur de tout ce qui existe... Oui, je crois en Jésus, c'est le Sauveur du monde », demande-lui simplement si elle est chrétienne. Par contre, ne tiens pas pour acquis que les gens sont chrétiens parce qu'ils disent croire en Dieu ou en Jésus !

Demande-lui depuis combien de temps elle a accepté Jésus comme son Sauveur personnel. Sa réponse devrait te permettre de découvrir si elle a vraiment fait l'expérience du salut en Jésus-Christ. Si elle te donne une date, demande-lui de te partager son témoignage de conversion. Tu pourras reconnaître ainsi si elle a réellement compris l'Évangile de la grâce. S'il est clair que cette personne est véritablement sauvée, alors réjouis-toi avec elle.

Si elle répond, « j'ai toujours cru en Lui... » ou quelque chose de semblable, et que le temps est trop court pour lui présenter clairement l'Évangile, mentionne-lui la date de ta conversion, ensuite, partage-lui ton témoignage, si tu juges qu'elle a le temps de l'écouter. De cette façon, tu pourras lui apporter l'Évangile d'une manière naturelle, sans l'avoir brusquée. Si tu t'es vraiment intéressé à cette personne tout au long de votre conversation, elle t'écoutera si le temps lui permet. Sinon, laisse-lui un traité ou demande-lui s'il serait

# La présentation du témoignage personnel

possible de vous revoir pour lui partager ce que Dieu a fait dans ta vie et ce qu'il aimerait faire dans la sienne. En d'autres mots, essaie de conserver la porte ouverte pour une prochaine fois.

J'aimerais maintenant regarder avec toi comment préparer et présenter ton témoignage personnel de façon à le donner clairement en quelques minutes. Un témoignage soigneusement élaboré, donné dans la puissance du Saint-Esprit, peut être d'emblée un outil pratique dans beaucoup de situations. Tu dois être en mesure de présenter le salut d'une manière claire, intéressante et simple, dans le but de susciter dans le cœur de ceux qui écoutent la soif de faire la même expérience que toi, tout en comprenant « comment » ils peuvent la faire.

Regardons premièrement les choses « à faire » et « à ne pas faire » dans la préparation de ton témoignage personnel.

## À FAIRE :

1. Demande au Seigneur de te donner la sagesse et de te diriger en écrivant ton témoignage.
2. Suis une esquisse qui fait ressortir trois points :
   a) *Ta vie avant d'avoir connu Christ*
   b) *La façon dont tu t'es converti à Christ (sois précis dans ce domaine)*
   c) *Ta vie après avoir reçu Christ (les changements qu'Il a opérés dans ta vie et ce qu'Il signifie pour toi maintenant)*

3. Concentre-toi surtout sur le point « c » si tu as connu Christ étant enfant, puisque tu n'as sans doute pas beaucoup de choses à dire sur ta vie avant ta conversion. Même si tu t'es converti au sein d'un foyer chrétien, le Saint-Esprit a tout de même produit des transformations en toi.
4. Commence par une phrase intéressante qui saura capter l'attention et termine par une bonne conclusion. Inclus des faits et des expériences séculières pertinentes qui poussent à la réflexion.
5. Parle de façon à ce que les gens puissent s'identifier à toi dans leurs cheminements passés et présents.
6. Donne assez de détails pour susciter l'intérêt.
7. Utilise au moins un verset biblique, pas plus de deux.
8. Mets au point ton témoignage avant d'en faire un imprimé final.

## À NE PAS FAIRE :

1. N'emploie pas un jargon chrétien que les gens en général ne comprennent plus. Le mot « sauvé » peut être remplacé par « j'ai obtenu le pardon de mes péchés », ou le mot « converti » peut être remplacé par « je me suis tourné vers Dieu ». Même si certaines phrases ou certains mots sont précieux pour nous, les gens les comprennent mal.
2. Ne parle pas trop, ne tourne pas autour du pot et ne souligne pas, <u>dans les détails</u>, à quel point tu étais méchant.
3. Ne mentionne aucune religion, surtout si c'est de façon dénigrante.

# La présentation du témoignage personnel

4. Ne critique aucune personne ni aucun groupe.
5. Ne donne pas l'impression que la vie chrétienne est une partie de plaisir.

**LORSQU'ON TE DEMANDE DE PARTAGER TON TÉMOIGNAGE :**

1. Présente-le avec enthousiasme, et avec la puissance de l'Esprit (Éphésiens 5.18).
2. Parle clairement, d'une façon naturelle et détendue. (Évite de prendre un ton ministériel)
3. Évite certaines manies lorsque tu parles, exemples : te frotter le nez, faire sonner des pièces de monnaie dans ta poche, osciller sur tes pieds, éclaircir ta gorge, pousser des heu ! heu !
4. Ne prêche pas. Donne ton témoignage et non pas un discours moralisateur.
5. Souris souvent ! Demande au Seigneur un visage heureux et rayonnant.
6. <u>Mémorise</u> ton témoignage et <u>pratique-le</u> jusqu'à ce qu'il devienne naturel.

L'exemple placé à l'ANNEXE 1 devrait te permettre de comprendre la façon de le préparer. Je t'encourage à t'y référer, il te sera des plus utiles.

Prends le temps de bien suivre toutes les étapes que je t'ai suggérées dans ce chapitre. <u>Ne passe pas au chapitre suivant avant d'avoir écrit ton témoignage</u>. Ensuite, prends la résolution de faire un effort sérieux pour en apprendre par cœur les grandes lignes. Ton témoignage peut conduire plus d'une personne à connaître pour elles-mêmes ce qui a transformé ta propre vie.

C'est la seule chose que Jésus a demandé à l'homme qu'il avait libéré des démons qui le harcelaient depuis de nombreuses années. Jésus lui a dit : « *Retourne chez toi, dans ta famille, et raconte-leur tout ce que le Seigneur a fait dans sa bonté pour toi. L'homme s'en alla donc et se mit à proclamer dans la région des Dix Villes tout ce que Jésus avait fait pour lui ; et tous ceux qui l'entendirent furent remplis d'étonnement* » (Marc 5.19,20).

C'est également ce que la femme samaritaine a fait après avoir discuté avec Jésus au puits de Jacob. Elle laissa là sa cruche d'eau et retourna à la ville, où elle dit aux gens : *venez voir un homme qui m'a dit tout ce que j'ai fait. Serait-il peut-être le Messie ? Les gens de cette ville vinrent trouver Jésus. Beaucoup de Samaritains de cette ville crurent en Jésus parce que la femme leur avait déclaré : Il m'a dit tout ce que j'ai fait. C'est pourquoi, quand les Samaritains arrivèrent auprès de lui, ils le prièrent de demeurer avec eux ; et Jésus resta là deux jours. Ils furent encore bien plus nombreux à croire, en raison de ce qu'il disait lui-même ; et ils déclaraient à la femme : maintenant nous ne croyons plus seulement à cause de ce que tu as raconté, mais parce que nous l'avons entendu nous-mêmes, et nous savons qu'il est vraiment le Sauveur du monde.*

À cause de cette femme, les gens de sa ville ont pu faire l'expérience d'une relation personnelle avec Jésus,

## La présentation du témoignage personnel

et leur vie en a été transformée. Sans le savoir, cette femme a préparé la ville où elle habitait au ministère de Philippe, approximativement trois années plus tard (Jean 4.28-30, 39-42 ; Actes 8.5-25).

Tu peux également lire dans le livre des Actes qu'à deux reprises l'apôtre Paul a utilisé son propre témoignage de conversion. Dans les circonstances où il se trouvait, une première fois, lors de sa défense devant la foule à Jérusalem, et une deuxième fois, devant le roi Agrippa et Bérénice, les chefs militaires et les notables de la ville de Césarée, où il était emprisonné, Paul a préféré leur partager son témoignage personnel au lieu de leur exposer l'Évangile. Ce n'est certainement pas les deux seules fois où Paul a utilisé son témoignage personnel. (Actes 22.1-21 ; 25.23 ; 26.4-29)

Tu peux voir que le témoignage personnel fait partie du plan de Dieu dans la propagation de l'Évangile. Personne ne peut contester ce que tu as expérimenté avec Dieu. C'est un témoignage qui peut sauver des vies, alors prends la décision maintenant d'utiliser l'aide ci-après pour le préparer, réfère-toi à l'ANNEXE 1, si tu ne l'as pas encore fait.

## MON TÉMOIGNAGE

1. Avant de recevoir Christ, voici comment je vivais et pensais :

2. Comment j'ai reçu Christ :

3. Après avoir reçu Christ, voici les changements qu'il a opérés dans ma vie :

4. Verset pertinent ou favori que je vais utiliser en terminant :

## Chapitre 6

## *La présentation claire et simple de l'Évangile*

J'ai inséré dans les pages suivantes une présentation élémentaire de l'Évangile, qui pourra sans doute t'aider. Tu peux en choisir un autre à ta convenance dans une bonne librairie évangélique de ta région. Si tu le préfères, tu peux t'inscrire dans un cours plus avancé comme celui de James Kennedy : « **Évangélisation Explosive** », qui est un cours excellent. Ce qui importe, c'est que tu sois à l'aise avec la méthode que tu choisiras pour présenter clairement l'Évangile. Tu trouveras, à la fin de l'ANNEXE 2, des ressources qui pourront t'être utiles dans ton ministère d'évangélisation et dans l'ANNEXE 3 les coordonnées pour obtenir des informations sur le cours « **Évangélisa-**

tion Explosive ». J'ai également cru bon de te suggérer dans cette même annexe deux cours de « **suivi immédiat** », que tu pourras employer pour accompagner dans leur nouvelle foi les personnes que Dieu t'aura permis de conduire au salut en Jésus-Christ : « **Le Discipolat** » et « **Va, vie abondante** ». Bien entendu, si tu possèdes déjà des ressources au sein de l'église locale à laquelle tu assistes, je t'encourage à les utiliser.

La méthode « **Le Pont** », que je te propose dans ce chapitre, est très simple. Elle a été employée avec succès au fil des années dans plusieurs contextes, soit dans des groupes ou individuellement. Tu trouveras que cette méthode est un outil utile et efficace. Au fur et à mesure que tu l'expérimenteras, tu auras peut-être le désir d'y faire quelques ajustements.

La présentation du « **Pont** » te prendra en moyenne de vingt à trente minutes. L'avantage de cette méthode, c'est qu'elle est flexible et facile à adapter.

J'ai préféré choisir un outil déjà employé dans les efforts d'évangélisation par le ministère « **AUJOURD'HUI L'ESPOIR** ». Les responsables de ce ministère d'évangélisation ont fait imprimer un petit Évangile selon Jean dans lequel les versets touchant directement le salut sont soulignés d'un trait gras. Aussi, nous y retrouvons, à la toute fin, la présentation du « Pont ». Après ton entretien, il t'est donc possible de laisser l'Évangile selon Jean avec le contenu détaillé de ce que tu viens de présenter à la personne.

Ce regroupement de chrétiens évangéliques a visité le Québec, l'Ontario, le Nouveau-Brunswick, et

## La présentation claire et simple de l'Évangile

maintenant l'Europe. Environ quatre mille personnes venant du Québec, de l'Ontario, d'ailleurs au Canada, de plusieurs États américains et même d'Europe ont parcouru les villes et les régions d'une centaine d'églises faisant parties d'une dizaine d'associations de confession évangélique. Aux efforts poursuivis depuis 1996, se sont ajoutées en 2003, des émissions journalières à la radio commerciale, qui visent le Québec en entier, à la gloire de notre Sauveur !

Le désir de cette équipe a été et sera toujours d'encourager le peuple de Dieu à servir dans la mission qui lui a été confiée : prêcher l'Évangile, seule solution éternelle aux problèmes humains. Cette équipe travaille pour l'église locale, noyau institué sur le fondement qui est le Seigneur Jésus-Christ.

Je t'encourage à considérer la possibilité de faire partie de ce regroupement de chrétiens et de chrétiennes au moins une fois par année, ou à te joindre à un groupe actif dans l'évangélisation de ta région ou de ton église locale. En ce qui concerne « **AUJOURD'HUI L'ESPOIR** », tu peux obtenir des informations sur leur site Web : **www.espoir.ca**.

Tu peux également te procurer l'Évangile selon Jean incluant le contenu du « Pont », à l'adresse suivante :

AUJOURD'HUI L'ESPOIR<br>
Casier Postal 34143<br>
CHARLESBOURG, QC<br>
G1G 6P2<br>
Tél. : 1-877-LESPOIR (537-7647)

# Le Pont

**1** **IL EST POSSIBLE DE CONNAÎTRE DIEU D'UNE FAÇON PERSONNELLE !**

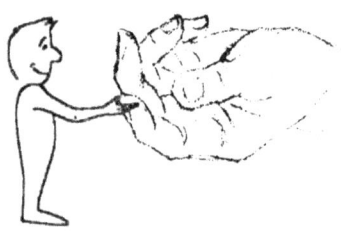

- En fait, c'est la raison même pour laquelle Dieu nous a créés. Il désire que nous puissions le connaître.
  **Jésus a dit :** « *La vie éternelle consiste à te connaître, toi le seul véritable Dieu, et à connaître Jésus-Christ, que tu as envoyé* (Jean 17.3) » **et** « *Personne n'a jamais vu Dieu. Mais le Fils unique, qui est Dieu et demeure auprès du Père, lui seul l'a fait connaître* » (Jean 1.18).

**Notes complémentaires :**
WILLIAM Barclay a écrit dans son commentaire sur l'Évangile selon Jean : Le mot VIE était continuellement sur les lèvres de Jésus. Il éprouvait un profond regret parce que les hommes ne voulaient pas venir à lui pour avoir LA VIE (Jean 5.40). Il a affirmé qu'il est venu afin que les brebis aient LA VIE et qu'elles l'aient en abon-

## La présentation claire et simple de l'Évangile

dance (Jean 10.10) ; qu'il est le chemin, la vérité et LA VIE (Jean 14.6). Dans l'Évangile, le mot VIE « zoe » se retrouve plus de 35 fois et le verbe VIVRE ou avoir LA VIE « zen » plus de 15 fois. Que voulait dire Jésus lorsqu'il utilisait le mot VIE ? Les mots « VIE ÉTERNELLE » sont utilisés fréquemment dans le quatrième Évangile. Le mot « ÉTERNELLE » utilisé par l'apôtre Jean, vient du mot grec : « aionios ». Le sens de ce mot fait non seulement référence à une durée de vie, c'est-à-dire, à une vie qui ne finit jamais, mais surtout à une qualité de vie. En effet, une vie qui ne finirait jamais pourrait s'avérer une terrible malédiction. « Aionios » (éternel) est l'adjectif fréquemment utilisé pour décrire Dieu. Dans le vrai sens du mot, seulement Dieu est « aionios », éternel ; ainsi, LA VIE ÉTERNELLE est la vie que Dieu vit. Ce que Jésus nous offre de la part de Dieu est la vie même de Dieu. LA VIE ÉTERNELLE est la vie qui expérimente à un certain point la sérénité et la puissance provenant de la vie même de Dieu. Lorsque Jésus est venu pour offrir aux hommes LA VIE ÉTERNELLE, il les invitait à entrer dans la vie même de Dieu.

Voilà le sens de Jean 17.3 : « *La vie éternelle consiste à te connaître,...* » Le verbe « connaître » est utilisé pour exprimer l'intimité entre un homme et sa femme. Genèse 4.1 : « *Adam connut Ève, sa femme ; elle conçut, et enfanta Caïn...* » Ce qui sous-entend clairement, que nous ne pouvons pas jouir de la vie éternelle sans avoir une communion intime avec Dieu et son Fils Jésus.

Mais... pour plusieurs personnes, Dieu semble distant, impersonnel et même désintéressé.

**Notes complémentaires**
Dieu a créé l'homme moralement libre, rationnel et responsable. Depuis la chute, l'homme naît en rébellion (plus ou moins consciente) avec Dieu. L'homme pense et agit sans rechercher la volonté de Dieu. Il est plutôt occupé à satisfaire ses désirs personnels. Son affection est portée sur les choses du monde, ce qui manifeste son inimitié avec Dieu.

Pour que l'homme soit réconcilié avec Dieu, son attitude intérieure (son cœur) qui s'oppose à Dieu doit être radicalement changée. Elle doit être vaincue, et ne peut l'être que par la Parole de Dieu, rendue efficace par l'enseignement du Saint-Esprit. L'Évangile permet d'atteindre ce but. Quand il est présenté avec sagesse, nous pouvons avec confiance nous attendre à ce que le Saint-Esprit agisse efficacement dans les cœurs. C'est cela que Jésus a voulu dire, en nous donnant cette mission : « Allez, faites de toutes les nations des disciples, les baptisant au nom du Père, du Fils et du Saint-Esprit, et enseignez-leur à observer tout ce que je vous ai prescrit. Et voici, je suis avec vous tous les jours, jusqu'à la fin du monde ».[1]

---
1 Matthieu 28.18-20

# La présentation claire et simple de l'Évangile

Il faut tout d'abord convaincre les pécheurs qu'ils sont ennemis de Dieu. Ils ne connaissent pas Dieu. Ils ignorent donc à de rares exceptions près que leur cœur est opposé à Dieu. « C'est par la loi que vient la connaissance du péché » (Romains 3.20). « Le péché est la transgression de la loi » (1 Jean 3.4). [2]

## 2 LA CAUSE DE NOS PROBLÈMES : LE PÉCHÉ !

- La Bible dit : « *Les yeux de Dieu sont trop purs pour voir le mal* » (Habakuk 1.13).
  Notre péché entraîne une **séparation** d'avec Dieu notre Créateur.

- La Bible dit : « *Non, la main de l'Éternel n'est pas trop courte pour sauver, ni son oreille trop dure pour entendre. Mais ce sont vos crimes qui mettent une séparation entre vous et votre Dieu ; ce sont vos péchés qui vous cachent sa face et l'empêchent de vous écouter* » (Ésaïe 59.1,2).

- Vous pouvez utiliser un des passages suivants pour leur faire comprendre ce que vous voulez dire en

---

[2] Adaptation d'un texte de Charles Finney tiré du site Web : croixsens.net (avec permission)

employant le mot « péché » : Romains 1.18-32 ;
1 Corinthiens 6.9-11 ; Galates 5.19-21, en leur
demandant :
- Quel mot emploierais-tu pour décrire ces attitudes ? (C'est cela le péché)
- Penses-tu que ce genre d'attitude favorise les relations entre les hommes ?
- C'est la même chose pour Dieu. Voilà pourquoi Dieu dit dans sa Parole que *ce sont nos péchés qui nous cachent sa face.*

**Voici une illustration appropriée pour faire comprendre cette vérité :**
Nous péchons tous de trois façons : en pensée, en paroles et en actions. Imagine que nous péchions seulement trois fois par jour. Je suis certain que nous péchons beaucoup plus que cela, soit en commettant une injustice, en médisant contre son prochain ou en s'adonnant à tout autre péché énuméré dans la Bible (Romains 1.18-32 ; 1 Corinthiens 6.9-11 ; Galates 5.19-21). En faisant seulement trois péchés par jour, nous avons mille péchés par année à notre actif. Si vous avez trente ans, cela fait trente mille péchés d'accumulés ; si vous avez cinquante ans, cela fait cinquante mille péchés. Qu'allez-vous faire avec tous ces péchés lorsque vous allez vous présenter devant lui à votre mort ?

**Notes complémentaires :**
Plusieurs personnes aujourd'hui ont de la difficulté avec le péché le regardant comme démodé. Elles ne

ressentent pas le fardeau du péché, ni les horreurs et les terreurs du remords. Elles n'ont aucune conscience de leur condamnation ni de leur état de perdition. Elles rationalisent le péché en se disant que c'est naturel, qu'elles sont en évolution, qu'elles s'amélioreront avec le temps, que ce n'est pas grave et que Dieu comprend cela.

C'est pourquoi il leur est impossible de comprendre et d'apprécier le moyen de salut que leur présente l'Évangile. Il est absurde de supposer qu'un pécheur qui n'est pas convaincu de péché, puisse accepter avec intelligence et reconnaissance le pardon que lui offre l'Évangile. La conversion à Jésus-Christ est un changement intelligent. Il faut être convaincu des conséquences funestes du péché pour accepter la miséricorde de Dieu. Sans cette conviction, l'âme ne comprend pas son besoin de miséricorde, et l'offre divine sera rejetée. L'Évangile n'est pas une bonne nouvelle pour un pécheur insouciant et non convaincu de péché.

Le caractère spirituel de la loi de Dieu doit être inlassablement présenté à la conscience du pécheur, jusqu'à ce que <u>sa propre justice</u> soit éliminée. Il faut qu'il puisse se tenir devant un Dieu saint sans rien avoir à Lui répliquer, et en se condamnant lui-même.[2]

---

2 Adaptation d'un texte de Charles Finney tiré du site Web : croixsens.net (avec permission)

## 3 NOTRE TENDANCE NATURELLE EST DE COMPENSER POUR NOS FAUTES !

Ne pouvant connaître un bonheur durable sans Dieu, nous cherchons tous à combler ce vide du mieux que nous le pouvons. Certains tentent de se construire des **ponts pour se réconcilier** avec Dieu.

Puisque nous sommes tous imparfaits et pécheurs, notre justice n'est pas à la hauteur de la loi de Dieu. Tous **nos** efforts de réconciliation sont forcément insuffisants.

- Même si « la loi est bonne », la Bible dit que : « nul ne sera justifié devant Dieu par les oeuvres de la loi » (Romains 7.16, 3.20). La Bible dit aussi

# La présentation claire et simple de l'Évangile

que « tous ont péché et sont privés de la gloire de Dieu » (Romains 3.23).
S'il n'en tenait qu'à nos efforts, nous ne serions jamais réconciliés.
- Si Dieu est amour, il est également saint et juste. Étant juste, il ne peut pas fermer les yeux sur le péché des hommes ; il se doit de les condamner. Voilà pourquoi il nous dit dans sa Parole : « Car le salaire du péché, c'est la mort » (Romains 6.23).

**Notes complémentaires :**
C'est à ce moment précis qu'il faut faire comprendre au pécheur qu'il ne doit pas espérer être pardonné sans que la justice de Dieu soit satisfaite, simplement parce que Dieu est bienveillant. Il faut que la justice divine soit satisfaite pour que la bienveillance de Dieu puisse pardonner le péché. Si la justice n'était pas satisfaite en même temps que s'exerce la miséricorde, cela signifierait que Dieu accepterait de sacrifier Sa justice universelle au bien d'un individu. Dieu ne fera jamais cela.

C'est le moment de lui présenter l'expiation comme une réalité révélée, pour le persuader de considérer Christ comme Celui qui a été offert pour son propre péché. Il faut insister sur cette réalité révélée, et souligner que Dieu a accepté la mort de Christ à la place de la mort du pécheur. Cette vérité doit être reçue comme étant le témoignage de Dieu. Alors seulement il comprendra que Dieu sera juste en le condamnant et qu'il a besoin d'un Sauveur pour éviter cette juste condamnation. [2]

---

[2] Adaptation d'un texte de Charles Finney tiré du site Web : croixsens.net (avec permission)

Il serait bon d'utiliser Éphésiens 2.1 pour faire comprendre à la personne que la mort n'est pas seulement physique, mais spirituelle.

Nous étions spirituellement morts nous dit l'apôtre Paul !
- ✓ Mort par <u>nos offenses</u> (tomber à côté ou près de quelque chose)
- ✓ Mort par <u>nos péchés</u> ! (Manquer la marque ou le but) v.1

Nous étions incapables de satisfaire aux exigences de la loi de Dieu. La loi de Dieu n'avait d'autres buts que de nous en rendre conscients. « *La Loi se borne à faire pleinement connaître le péché. Son vrai rôle est de nous en rendre conscients* » (Romains 3.20).

**Mais heureusement...**

 **DIEU EST INTERVENU À LA CROIX DU CALVAIRE !**

Sa justice a été satisfaite à la croix !

- **Les passages suivants sont excellents pour exposer cette vérité :**
  La Bible dit : « Car Dieu était en Christ, **réconciliant** le monde avec Lui-même, en n'imputant point aux hommes leurs offenses... » (2 Corinthiens 5.19.)
  Le prophète Ésaïe a dit également : « *Cependant, ce sont nos souffrances qu'il a portées, c'est de nos douleurs qu'il s'est chargé; et nous l'avons considéré comme puni, frappé de Dieu, et humilié. Mais il était blessé pour nos péchés, brisé pour nos iniquités ; le châtiment qui nous donne la paix est tombé sur lui, et c'est par ses meurtrissures que nous sommes guéris* » (Ésaïe 53.4,5).

- Dieu s'est fait homme en son Fils Jésus-Christ. Et par amour, Il a porté sur la croix la pénalité de nos péchés qui nous séparaient de Lui.
- La Bible dit : « En effet, le Christ lui-même est mort, une fois pour toutes, pour les péchés des hommes ; Lui qui était bon, Il est mort pour les méchants, afin de vous amener à Dieu » (1 Pierre 3.18).

Puisque nous en étions incapables, Dieu Lui-même a jeté un **pont** sur l'abîme qui nous séparait de Lui. La Bible dit : « **Il y a un seul intermédiaire entre Dieu et les hommes,** l'homme Jésus-Christ qui s'est donné Lui-même comme rançon pour les libérer tous » (1 Timothée 2.5). C'est pourquoi Jésus a dit : « Je suis le chemin, la vérité et la vie. **Nul ne vient au Père que par moi** » (Jean 14.6).

## 5 DIEU PEUT MAINTENANT T'OFFRIR SA GRÂCE !

- Pour être réconcilié avec Lui, Dieu vous demande de mettre votre confiance en Jésus-Christ et de le recevoir dans votre vie comme Dieu et Maître. *« Mais à tous ceux qui l'ont reçue (la Parole), à ceux qui croient en son nom, elle a donné le pouvoir de devenir enfants de Dieu... »* (Jean 1.11).

**Notes complémentaires :**
Dieu peut maintenant nous accorder sa grâce <u>si nous lui demandons</u> !
La Bible dit : *« Car c'est par la grâce que vous êtes sauvés, par le moyen de la foi. Et cela ne vient pas de vous, c'est le don de Dieu. Ce n'est point par les oeuvres, afin que personne ne se glorifie »* (Éphésiens 2.8-9).

Voici une illustration appropriée pour faire comprendre cette vérité :
Présumons que vous avez une soif énorme et que vous êtes devant un puits profond. Malgré que l'eau soit à portée de votre main, il vous est impossible de la boire pour étancher votre soif. Si je vous donnais un sceau

attaché à une corde assez longue pour le descendre jusqu'au fond du puits, vous pourriez alors étancher votre soif. Selon vous, qu'est-ce qui aurait étanché votre soif ? L'eau ou le sceau ? Bien sûr, c'est l'eau. Le sceau n'a été que le moyen par lequel vous avez pu boire l'eau qui a étanché votre soif.

Voilà ce que Dieu nous dit dans ce passage. C'est la grâce de Dieu qui nous sauve, la foi n'est que le moyen par lequel nous pouvons saisir la grâce de Dieu. Mais l'un et l'autre sont un don qui nous vient de Dieu <u>en réponse</u> à la sincérité de notre cœur à l'inviter à pardonner nos péchés.

Assurez-vous de bien expliquer les termes que vous employez. Insistez bien sur le fait que la repentance implique une renonciation volontaire à tout péché, et qu'elle est un changement radical de notre attitude devant Dieu.

Montrez-lui que c'est Dieu en Christ qui cherche à le réconcilier avec Lui-même, et que la condition de cette réconciliation est qu'il abandonne entre les mains de Dieu sa volonté personnelle et son être tout entier. ²

---

2 Adaptation d'un texte de Charles Finney tiré du site Web : croixsens.net (avec permission)

Voici un exemple de prière que vous pouvez faire avec la personne, si vous sentez qu'elle a bien compris le salut et qu'elle est prête à prier.

« Seigneur Jésus, j'admets que je suis pécheur et que j'ai besoin de ton pardon. Je veux, avec ton aide, me détourner de mes péchés. Pour être réconcilié avec Dieu, je mets mon espoir dans le fait que tu es mort en rançon pour payer la pénalité de mes fautes. Je t'invite maintenant à entrer dans ma vie pour la guider et en être le Maître. Merci pour ton amour et ton si grand salut ! »

**Notes complémentaires :**
Quand vous serez sûr que l'âme a compris et accepté cet enseignement, et que Christ lui a été révélé, proposez-lui sans tarder le cours « Le Discipolat » de l'Église Baptiste Évangélique de Trois-Rivières, ou le cours « Va, vie abondante » de l'Église Évangélique Baptiste de la Haute-Yamaska. Un gagneur d'âme efficace est celui qui s'occupe également des premiers pas de celui qu'il a conduit au Seigneur.

- Prends le temps d'apprendre cette méthode avant de poursuivre ta lecture. Si tu as de la difficulté avec la mémorisation, ne crains pas d'utiliser avec la personne que tu évangélises le petit Évangile selon Jean d'« **AUJOURD'HUI L'ESPOIR** » avec l'illustration du « **Pont** » à la fin. Avec le temps, tu n'auras plus besoin d'aide visuelle. Par contre, si tu en es capable, cherche à bien comprendre les « notes complémentaires », et mémorise surtout les grandes lignes et les versets clefs :

1. **Il est possible de connaître Dieu d'une façon personnelle !**
   - **Jean 17.3** « *La vie éternelle consiste à te connaître, toi le seul véritable Dieu, et à connaître Jésus-Christ, que tu as envoyé.* »
   - **Jean 1.18** « *Personne n'a jamais vu Dieu. Mais le Fils unique, qui est Dieu et demeure auprès du Père, lui seul l'a fait connaître.* »

2. **La cause de nos problèmes : le péché !**
   - Habakuk 1.13 « *Les yeux de Dieu sont trop purs pour voir le mal.* »
   - Ésaïe 59.1,2 « *Non, la main de l'Éternel n'est pas trop courte pour sauver, ni son oreille trop dure pour entendre. Mais ce sont vos crimes qui mettent une séparation entre vous et votre Dieu ; ce sont vos péchés qui vous cachent sa face et l'empêchent de vous écouter.* »
   - (Romains 1.18-32 ; 1 Corinthiens 6.9-11 ; Galates 5.19-21)
   - **Illustration :** « Trois péchés par jour »

3. **Notre tendance naturelle est de compenser pour nos fautes !**
   - Romains 3.20 « *Car personne ne sera reconnu juste aux yeux de Dieu pour avoir obéi en tout à la loi ; la loi permet seulement de prendre connaissance du péché.* »

- Romains 6.23 « *Car le salaire du péché, c'est la mort* »

4. **Dieu est intervenu à la croix du Calvaire !**
   - 2 Corinthiens 5.19 « Car Dieu était en Christ, **réconciliant** le monde avec Lui-même, en n'imputant point aux hommes leurs offenses... »
   - Ésaïe 53.4,5 « *Cependant, ce sont nos souffrances qu'il a portées, C'est de nos douleurs qu'il s'est chargé; et nous l'avons considéré comme puni, frappé de Dieu, et humilié. Mais il était blessé pour nos péchés, brisés pour nos iniquités ; le châtiment qui nous donne la paix est tombé sur lui, et c'est par ses meurtrissures que nous sommes guéris.* »

5. **Dieu peut maintenant t'offrir sa grâce !**
   - Éphésiens 2.8,9 « *Car c'est par la grâce que vous êtes sauvés, par le moyen de la foi. Et cela ne vient pas de vous, c'est le don de Dieu. Ce n'est point par les oeuvres, afin que personne ne se glorifie.* »
   - **Illustration :** « *Le puits* »

6. **Invitation à la prière, si tu sens que la personne a bien compris le salut et qu'elle est prête à prier.** (N'oublie surtout pas de lui proposer de passer du temps ensemble pour l'aider à approfondir sa foi naissante)

# Chapitre 7

## *Soyons sensibles au cheminement spirituel des gens !*

**D**e nos jours il y a beaucoup de gens qui ne croient plus en Dieu. Plusieurs de ceux qui prétendent croire en Lui, croient en réalité dans un dieu différent ; surtout ceux qui ont accepté les croyances « panthéistes » venant de l'Orient, et qui possèdent une conception de la divinité qui est bien loin de la croyance en un Dieu Créateur. Le panthéisme, du grec πὰν (tout) et θέος (dieu), est un système philosophique selon lequel tout ce qui est, existe non seulement par Dieu mais en Dieu. Dieu n'est pas un être personnel distinct du monde, mais il lui est immanent (en opposition au Dieu créateur et transcendant). Dieu n'est pas cet être suprême, transcendant et personnel. Il est en fait impersonnel et immanent au monde, c'est-à-dire qu'il fait partie du monde. Les êtres, au lieu d'être vus comme une création de Dieu, sont perçus comme une affection de la substance, une expression de Dieu. Dieu est la nature, et non un être céleste résidant hors du monde.

Comme tu peux le constater, il peut sembler difficile pour quelqu'un qui a ce genre de croyance d'accepter l'Évangile, parce que le Dieu que tu lui présentes ne correspond pas avec le dieu auquel il croit. Ainsi, si tu n'as pas pris le temps de vérifier ses croyances spirituelles, il te donnera l'impression de croire au même Dieu que toi toutes les fois que tu prononceras le nom de Dieu. Sauf que le Dieu dans lequel tu crois est le Créateur de toute la création, tandis que lui croit que toute la création est dieu.

Ce n'est qu'un exemple de ce que les gens peuvent croire de nos jours. Toutefois, ne t'en fais pas trop avec ce qui semble être un obstacle difficile à surmonter pour celui qui veut être un témoin pour Jésus. Ceux qui travaillent dans les banques n'ont pas besoin de connaître toutes les fausses monnaies pour pouvoir les détecter et les confondre ; ils ont seulement besoin de bien connaître la monnaie authentique. De la même manière, tu n'as pas besoin de connaître tout ce que les gens croient pour apporter l'Évangile efficacement et simplement ; tu as seulement besoin de grandir dans la connaissance des Écritures, comme je t'ai encouragé à le faire dans le chapitre premier.

## Soyons sensibles au cheminement spirituel des gens ! 

Entre-temps, si tu veux devenir un témoin pour Dieu, tu verras que le Saint-Esprit qui habite en toi te donnera la sagesse nécessaire au fur et à mesure que tu en auras besoin. À l'aide des conseils de ce livre, tu pourras évangéliser n'importe quelle personne, peu importe ce qu'elle croit ; même si elle te dit qu'elle adore la roche se trouvant dans son arrière-cour ! Donc, ne tiens pas pour acquis que les gens qui croient en Dieu croient dans le même Dieu que toi. Ce serait une erreur de ta part.

\*

Lorsque j'étais à Québec avec ma femme, voilà quelques années maintenant, nous avions pris un taxi après sa résonance magnétique à l'Hôpital de l'Enfant-Jésus afin de retourner prendre l'avion à l'aéroport de Québec. Tout en discutant avec le chauffeur, dans le but de pouvoir lui partager l'Évangile, j'apprenais qu'il était allé plusieurs années auparavant dans quelques églises évangéliques. Cet homme avait lu la Bible, et semblait la connaître. Il n'était pas vraiment satisfait de l'Église en général et de ce qu'elle pouvait lui apporter, de sorte qu'il a commencé à consulter toutes sortes de livres. Cette recherche personnelle en disait déjà beaucoup ; d'ailleurs ses raisonnements étaient un peu bizarres. À force de questions, <u>sans débattre en rien ses réponses</u>, je remarquais qu'il était confus dans ses propres croyances.

Néanmoins, je me suis intéressé à lui, et je lui ai demandé des informations sur tout ce qu'il affirmait afin de comprendre ce qu'il croyait vraiment. Durant tout le trajet, qui a duré peut-être une demi-heure, j'ai pu discerner que cet homme ne croyait pas du tout en l'autorité des Écritures. Pour lui, la Parole de Dieu n'était pas limitée à la Bible, c'était beaucoup plus large que cela. Elle était renfermée dans tous les livres qu'il avait étudiés. Tout en l'écoutant, le Saint-Esprit a mis dans mon esprit trois passages des Écritures que je lui ai cités par cœur, et je lui ai demandé : « Comment comprends-tu ce passage des Écritures par rapport à ce que tu me dis, et celui-ci, et celui-là ? » Il fut momentanément déconcerté, et il poursuivit en s'enlisant dans toutes sortes d'explications plus farfelues les unes que les autres.

Je n'ai débattu aucune de ses réponses, évitant ainsi d'amorcer une partie de ping-pong spirituel. Toutefois, j'espère que les passages que je lui ai donnés sous la direction du Saint-Esprit, ont permis à Dieu de poursuivre son œuvre dans la vie de cet homme.

En posant des questions, en recherchant où se situe la personne spirituellement, tu sauras comment lui présenter plus pertinemment l'Évangile. Ne t'en fais pas si tu manques de connaissances dans la Parole de Dieu au début de ta vie chrétienne, Dieu te donnera la sagesse dont tu auras besoin !

L'approche que je te suggère dans ce livre, que j'ai appliquée dans ma vie personnelle, est une procédure sans parti pris. Elle consiste à retourner les questions ou les objections dans le but de chercher de l'information ;

### Soyons sensibles au cheminement spirituel des gens ! 107

non pas comme le ferait un enquêteur, mais en s'intéressant sincèrement à la personne, tout en sachant :

**Comment faire face aux objections !**

Les objections ou les questions auxquelles tu seras le plus souvent confronté sont :

- ✓ Je ne crois pas en Dieu !
- ✓ Jésus n'était qu'un prophète, un grand enseignant !
- ✓ Et ceux qui n'ont jamais entendu parler de Jésus-Christ ?
- ✓ Jésus-Christ n'est pas le seul chemin qui mène à Dieu !
- ✓ La résurrection n'a pas vraiment eu lieu !
- ✓ La Bible a été écrite par les hommes !
- ✓ Pourquoi doit-on croire la Bible ?
- ✓ La religion n'est qu'une béquille pour les faibles !
- ✓ La souffrance que nous voyons partout montre bien que Dieu n'est pas bon !
- ✓ J'ai toujours vécu une vie honnête, cela ne suffit-il pas ?
- ✓ Et ainsi de suite...

Peu importe le genre d'objections ou de questions qui te sera apporté, la procédure sera invariablement la même. Tu dois constamment retourner la question ou l'objection de la façon suivante :

a) **Pourquoi penses-tu………. ?**

- ✓ Que Dieu n'existe pas ?
- ✓ Que Jésus n'était qu'un prophète ?
- ✓ Que Dieu aurait oublié certaines personnes en particulier ?
- ✓ Que Jésus-Christ n'est pas le seul chemin qui mène à Dieu ?
- ✓ Que la résurrection n'a pas vraiment eu lieu ?
- ✓ Que la Bible a été écrite par les hommes ?
- ✓ Que nous ne devrions pas croire la Bible ?
- ✓ Que la religion n'est qu'une béquille pour les faibles ?
- ✓ Que l'on doit attribuer la souffrance que nous voyons partout à Dieu ?
- ✓ Qu'une vie honnête est suffisante ?
- ✓ Et ainsi de suite…

C'est comme pour le jeune homme qui est entré dans le véhicule pour son cours de conduite ; je ne l'ai pas abordé tout de suite, parce que le temps n'était pas opportun pour lui. Il n'était pas prêt à s'engager dans une discussion. Je l'ai simplement rassuré sur ses craintes, et j'ai attendu un moment plus favorable après avoir gagné sa confiance. C'est seulement dans ce climat de confiance que je lui ai demandé <u>pourquoi</u> il avait autant d'aversion pour la Bible ! Non pas comme un juge face à ses réactions, mais comme quelqu'un <u>qui est intéressé par ce qu'il vit et ce qu'il croit</u>. Cette attitude fera toute la différence dans tes efforts d'évangélisation.

# Soyons sensibles au cheminement spirituel des gens ! 

Rappelle-toi de ne jamais amorcer une argumentation avec la personne qui apporte une objection, surtout si tu ne maîtrises pas ou ne connais pas les vérités de la Parole de Dieu concernant les sujets abordés. Plusieurs commettent ce genre d'erreur, et dans leur argumentation, ils n'étalent trop souvent que leur ignorance, ce qui est tout à l'avantage du diable. Les gens à qui nous témoignons sont parfaitement capables de discerner si nous maîtrisons ou non la vérité que nous désirons leur communiquer. De toute façon, il faut éviter à tout prix de tomber dans l'argumentation, même si tu maîtrises correctement le sujet. Ce genre d'approche dans l'évangélisation n'est certainement pas approuvé par Dieu (voir 2 Timothée 2.14) !

L'apôtre Paul l'a souligné à Timothée de trois façons différentes dans les deux lettres qu'il lui a écrites :

> ✓ *« Comme je te l'ai recommandé en partant pour la Macédoine, reste à Éphèse. Il y a là des gens qui enseignent de fausses doctrines et il faut que tu leur ordonnes de cesser. Dis-leur de renoncer à ces légendes et à ces longues listes d'ancêtres ; elles ne provoquent <u>que des discussions,</u> au lieu de servir le plan salutaire de Dieu, que l'on connaît par la foi »* (1 Timothée 1. 3-4).

> ✓ *« Si quelqu'un enseigne une autre doctrine, s'il s'écarte des véritables paroles de notre Seigneur Jésus-Christ et de l'enseignement conforme à notre foi, il est enflé d'orgueil et ignorant. Il a un désir maladif de discuter et de se quereller à*

*propos de mots. De là viennent des jalousies, des disputes, des insultes, des soupçons malveillants, et <u>des discussions sans fin</u> entre des gens à l'esprit faussé ayant perdu toute notion de la vérité. Ils pensent que la foi en Dieu est un moyen de s'enrichir »* (1 Timothée 6. 3-5).

✓ *« Rappelle cela à tous et demande-leur solennellement devant Dieu <u>de ne pas se quereller à propos de mots</u>. Ces querelles ne servent à rien, sinon à causer la ruine de ceux qui écoutent »* (2 Timothée 2. 14).

L'œuvre de Dieu n'avance pas lorsqu'on ne fait que discuter et se quereller sur des doctrines ou des fables inventées par les hommes dans leur ignorance. Cela engendre plutôt des conversations interminables servant à augmenter l'orgueil dans le cœur de notre interlocuteur. Même s'il est question de l'Église dans ces passages, et non d'évangélisation, le principe est le même. Dans l'évangélisation, surtout s'il y a un groupe, ce genre d'argumentations futiles est toujours funeste. Les personnes, quelque peu ouvertes à l'Évangile, assistant à ce genre de confrontation, le sentent lorsque nous ne maîtrisons pas le contenu de ce que nous avançons. Cette vaine discussion devient néfaste pour ceux qui écoutent.

Il est beaucoup plus profitable de conduire la conversation de manière à rendre manifestes les erreurs chez l'autre personne. Voilà ce que l'apôtre Paul mentionnait aux chrétiens de Corinthe : *« Sans doute, nous*

# Soyons sensibles au cheminement spirituel des gens ! 

*sommes sur la terre, nos vies ressemblent à celles de tous les hommes, mais nous ne luttons pas à la manière du monde et notre combat est différent du leur. Nos armes de guerre ne sont pas simplement humaines. Elles tiennent leur puissance de Dieu. Il les rend capables de détruire les bastions dans lesquels les hommes se barricadent contre lui. Oui, nous renversons <u>les raisonnements et les arguments sophistiqués</u> qui se dressent prétentieusement en rempart contre la véritable connaissance de Dieu. Faisant prisonnière toute pensée (rebelle), nous l'amenons à obéir au Christ et à reconnaître son autorité* » (2 Corinthiens 10.3-5 ; Version Parole Vivante).

\*

Ne crains pas d'avouer ton ignorance ou ton incompétence à défaire les croyances qui te sont partagées par les gens que tu côtoies ou côtoieras. Tu n'as pas besoin d'avoir toutes les réponses bibliques pour les confondre. Ce n'est pas grave si tu es incapable d'apporter des arguments solides pour leur démontrer qu'ils ont tort. Tu n'as pas besoin de faire ce genre de choses. Même si tu cherchais à le faire, cela prendrait sans doute beaucoup de temps avant que tu puisses voir ces personnes se convertir.

Rappelle-toi que ce n'est pas sur toi que repose le salut des gens. Partager ce que tu crois doit toujours être ton seul objectif. C'est là, d'ailleurs, la seule raison des questions que tu leur poses. Elles servent avant tout, à travers l'amour que Dieu t'appelle à avoir pour eux, à développer un climat de confiance, te permettant de leur présenter par la suite la bonne nouvelle du salut gratuit en Jésus-Christ. Si tu t'es intéressé sincèrement à eux, non seulement tu apprendras des choses, mais tu comprendras surtout ce qui empêche ces personnes de croire à l'Évangile.

Ce n'est pas grave non plus si ces personnes ne sont pas réceptives à l'Évangile lorsque tu peux enfin le leur partager. Elles l'ont entendu et c'est là le but que tu recherchais. Le reste appartient à l'Esprit de Dieu qui peut les convaincre de péché, de justice et de jugement. Il est le seul qui puisse leur faire prendre conscience de leur état spirituel à la lumière de la vérité que tu leur partages. Lui seul peut les convaincre des réalités reliées à l'œuvre de Jésus-Christ à la croix du Calvaire. Seulement le Saint-Esprit peut les convaincre des conséquences terribles qui pèsent sur elles en refusant de croire à l'Évangile. Ton rôle se limite à témoigner de ce que Dieu t'a permis de découvrir et d'expérimenter.

*

Il ne te sert à rien de chercher à détruire les croyances ou les convictions souvent profondes des gens que tu côtoies. Il n'est pas simple de détruire les convictions des gens. Seul l'Esprit de Dieu peut accomplir cette œuvre. Même si tu avais tous les arguments possibles à partir d'une analyse historique des débuts de chaque croyance et d'une évaluation théologique de ses enseignements importants, et même si tu pouvais leur exposer une solide exégèse biblique discréditant leur

## Soyons sensibles au cheminement spirituel des gens ! 113

croyance, il n'y a aucune garantie qu'ils accepteraient tes arguments théologiques. Généralement, ils les rejettent. Il n'est pas mauvais de s'équiper pour mieux comprendre les différents mouvements religieux afin de pouvoir leur apporter le témoignage de l'Évangile, mais cela ne garantit pas le résultat. Ne prends pas cette direction.

L'apôtre Paul ne s'est jamais attardé auprès des moqueurs et des contradicteurs ; il a dirigé ses efforts sur ceux qui avaient été préparés par l'Esprit de Dieu. Examine attentivement les exemples suivants :

- Actes 17.32-34 : « *Lorsqu'ils entendirent Paul parler d'une résurrection des morts, les uns se moquèrent de lui et les autres dirent : Nous t'écouterons parler de ce sujet une autre fois. C'est ainsi que Paul les quitta. Quelques-uns, pourtant, se joignirent à lui et crurent : parmi eux, il y avait Denys, membre du conseil de l'Aréopage, une femme nommée Damaris, et d'autres encore.* »

- Actes 18.5-10 : « *Quand Silas et Timothée furent arrivés de Macédoine, Paul put consacrer tout son temps à prêcher ; il attestait devant les Juifs que Jésus est le Messie. Mais les Juifs s'opposaient à lui et l'insultaient ; alors il secoua contre eux la poussière de ses vêtements et leur dit : Si vous êtes perdus, ce sera par votre propre faute. Je n'en suis pas responsable. Dès maintenant, j'irai vers ceux qui ne sont pas juifs. Il partit alors de là et se rendit chez un certain Titius Justus qui adorait Dieu et dont la maison était à côté de la synagogue. Crispus, le chef de la synagogue, crut au Seigneur, ainsi que toute sa famille. Beaucoup de Corinthiens, qui entendaient Paul, crurent aussi et furent baptisés. Une nuit, Paul eut une vision dans laquelle le Seigneur lui dit : N'aie pas peur, mais continue à parler, ne te tais pas, car je suis avec toi. Personne ne pourra te maltraiter, parce que nombreux sont ceux qui m'appartiennent dans cette ville. »*

- Actes 13.45-49 : « *Quand les Juifs virent cette foule, ils furent remplis de jalousie ; ils contredisaient Paul et l'insultaient. Paul et Barnabas leur dirent alors avec assurance : Il fallait que la parole de Dieu vous soit annoncée à vous d'abord. Mais puisque vous la repoussez et que vous vous jugez ainsi indignes de la vie éternelle, eh bien, nous irons maintenant vers ceux qui ne sont pas juifs. Voici en effet ce que nous a commandé le Seigneur : Je t'ai établi comme lumière des nations, afin que tu apportes le salut jusqu'au bout du monde ! Quand les non-Juifs entendirent ces mots, ils se réjouirent et se mirent à louer la parole du Seigneur. Tous ceux qui étaient destinés à la vie éternelle devinrent croyants. La parole du Seigneur se répandait dans toute cette région.* »

Le but de l'évangélisation est d'amener les gens à prendre conscience de la condition dans laquelle ils se trouvent, sans pour autant être obligé d'avoir les bonnes réponses à toutes leurs objections ou encore de maîtriser leurs diverses croyances. Il s'agit simplement

## Soyons sensibles au cheminement spirituel des gens !

de les aider à réfléchir tout haut à la lumière de la vérité. J'ai mis ces principes en application dans ma vie dès les débuts de ma conversion. J'ai toujours abordé les gens en leur posant des questions, en m'intéressant sincèrement à eux, en désirant comprendre ce qu'ils croyaient. Suite à ce qu'ils partageaient, je leur exposais ce que Dieu enseigne dans sa Parole. Pourtant, lorsque j'ai commencé, je n'avais pas une connaissance approfondie des Écritures.

Quand j'ai débuté à temps plein dans le ministère d'évangélisation à l'Église Baptiste Évangélique de Trois-Rivières en 1981, je suis allé évangéliser quelques années dans le milieu universitaire, n'ayant jamais fait personnellement d'études universitaires. J'ai fait une dixième année scientifique et je l'ai échoué volontairement parce que je désirais être sur le marché du travail de façon à aider financièrement mes parents. Néanmoins, Dieu m'avait donné la facilité d'étudier et d'apprendre par moi-même. Je suis un autodidacte dans l'âme, ayant une grande capacité analytique. Dans mes efforts d'évangélisation à l'université, j'ai discuté avec des jeunes et des moins jeunes qui avaient toutes sortes d'arrière-plans religieux. À l'Université du Québec à Trois-Rivières, les gens viennent de partout dans le monde pour y étudier parce que c'est un centre francophone reconnu. J'ai pu apporter l'Évangile à plusieurs étudiants et enseignants, sans jamais me faire rejeter par eux, parce que je prenais toujours le temps de construire des ponts en m'intéressant <u>premièrement</u> à ce qu'ils croyaient.

J'ai alors appris énormément de choses sur diverses croyances, sans même avoir besoin de lire des livres sur le sujet. Je prenais mes informations à la source, c'est-à-dire des jeunes gens que je côtoyais. J'ai découvert des choses qu'on ne trouve pas nécessairement dans les livres. Par exemple, nous avons l'impression que dans l'islam, les gens sont tous des fanatiques religieux, pourtant c'est comme chez les catholiques. Beaucoup sont non-pratiquants. Dans le catholicisme, il y a encore beaucoup de gens qui sont fervents, mais la plupart ne le sont pas. Dans l'islam, parmi les musulmans, c'est la même chose. Je n'ai pas trouvé cela dans un livre, mais en discutant avec eux. Ils ont échangé avec moi parce que je m'intéressais sincèrement à eux ! Alors, quand venait le temps de leur partager ce que je croyais, ils m'écoutaient avec le même intérêt que je leur avais manifesté ! Les versets que j'utilisais n'étaient pas sélectionnés au hasard, ils étaient tous choisis en relation avec les informations qu'ils m'avaient données.

- Prends un autre temps d'arrêt pour réfléchir sur ce que tu as lu jusqu'à présent concernant la manière de faire face aux objections et aux questions. Il est bien certain que si tu n'appliques pas dans ta vie les principes que je t'ai partagés dans les premiers chapitres de ce livre, tu pourrais être facilement troublé et peut-être même entraîné par les diverses croyances de ce monde ! Toutefois, si tu les mets en application, Dieu te donnera une sagesse à laquelle personne ne pourra résister. J'en suis témoin !

# Soyons sensibles au cheminement spirituel des gens ! 117

As-tu commencé à sanctifier ta vie en cherchant à obéir à Dieu dans tous les domaines ? Approfondis-tu présentement ta connaissance de la Parole de Dieu avec l'aide d'une méthode te permettant de la lire au moins une fois par année ? Assistes-tu à une église locale qui obéit à la grande commission donnée par Jésus à ses disciples : « Allez donc auprès des gens de toutes les nations et faites d'eux mes disciples ; baptisez-les au nom du Père, du Fils et du Saint-Esprit, et enseignez-leur à pratiquer tout ce que je vous ai commandé. Et sachez-le : je vais être avec vous tous les jours, jusqu'à la fin du monde.[1] » ? Es-tu sensible envers ceux que tu côtoies régulièrement ? As-tu débuté à mettre en application dans ta vie ces principes ?

Prends un instant pour noter les domaines où tu as le plus de difficultés, et examine sérieusement comment tu pourrais t'améliorer. Parles-en avec Dieu dans la prière avant de poursuivre la lecture du prochain chapitre.

_____

_____

_____

_____

_____

_____

_____

_____

---

1 Matthieu 28.19,20

# CHAPITRE 8

## *Ce que les gens croient n'est pas toujours réfléchi*

Nous habitons dans un monde rempli de gens qui ne croient plus dans un Dieu créateur, qui ont toutes sortes d'idées sur la personne de Jésus, sans parler du grand nombre qui ne savent même plus qui il est, et qui prônent des croyances des plus extravagantes. Ne perds pas de temps à débattre ces différentes tendances. Efforce-toi plutôt de comprendre et saisir ce qu'ils croient en utilisant les adverbes interrogatifs : pourquoi, comment, quand, combien...

Lorsque tu en seras venu à comprendre ce que croit ton interlocuteur, tu pourras, si tu le juges favorable, passer à l'étape suivante, ce qui te permettra de te rendre au fondement de ses convictions et, éventuellement, de le désarmer. Tu t'apercevras que les croyances spirituelles auxquelles les gens se rattachent sont la plupart du temps irréfléchies. Ils croient sans avoir réellement fait une recherche sérieuse.

Voici donc l'étape suivante. Pose-lui la question :

b) **Comment** en es-tu venu à croire......... ?

- ✓ Que Dieu n'existe pas ?
- ✓ Que Jésus n'était qu'un prophète ?
- ✓ Que Dieu aurait oublié certaines personnes en particulier ?
- ✓ Que Jésus-Christ n'est pas le seul chemin qui mène à Dieu ?
- ✓ Que la résurrection n'a pas vraiment eu lieu ?
- ✓ Que la Bible a été écrite par les hommes ?
- ✓ Que nous ne devrions pas croire la Bible ?
- ✓ Que la religion n'est qu'une béquille pour les faibles ?
- ✓ Que l'on doit attribuer la souffrance que nous voyons partout à Dieu ?
- ✓ Qu'une vie honnête est suffisante ?
- ✓ Et ainsi de suite...

Il y a toujours une raison qui conduit une personne à opter pour telle ou telle croyance ! Personnellement, je ne croyais plus en Dieu avant de me convertir ;

## Ce que les gens croient n'est pas toujours réfléchi

j'avais arrêté mon choix sur le bouddhisme tibétain. Si quelqu'un m'avait demandé comment j'en étais venu à croire au bouddhisme, je lui aurais répliqué que c'est en m'imprégnant des nombreuses lectures sur le sujet. Ma conviction était fondée sur mes lectures personnelles ! Ce qui n'est pas le cas pour la majorité des gens. La plupart des croyances sont transmises par tradition, ou sur ce que les gens voient et entendent au cours de leur vie.

Alors, si la personne répond que Jésus n'est qu'un prophète, ne te sens pas offusqué. Commence par lui demander « <u>pourquoi</u> elle pense cela », et ensuite demande-lui « <u>comment</u> elle en est arrivée à croire cela ». Cette deuxième question te fera connaître plus que les convictions de la personne, elle l'obligera à les justifier et te permettra de connaître une partie de son cheminement de vie. Le « pourquoi » touche à ses croyances, tandis que le « comment » touche à son vécu.

*

Habituellement, la plupart des personnes refusent de répondre à la deuxième question s'il n'y a pas un climat de confiance qui s'est établi, parce que les gens ont très souvent des croyances irréfléchies. Ils adhèrent généralement aux tendances de la société, mais il ne se sont jamais arrêtés à les examiner sérieusement ! Alors ces personnes, se trouvant désarmées devant cette deuxième question, vont s'esquiver ou tourner autour du pot par orgueil. Aussi, au lieu de perdre la face, elles préféreront laisser tomber la discussion. Si cela se produit, il te sera peut-être difficile ultérieurement d'aborder des sujets d'ordre spirituel avec elles. Il te faut donc employer les « comment » seulement si tu en as réellement besoin.

Par contre, si tu t'es vraiment intéressé à la personne dans les « pourquoi », elle acceptera d'écouter ton témoignage personnel de conversion. Si tu as pris le temps de bien préparer ton témoignage, tu placeras dans son cœur une semence de vie. Lorsque cela se produira, tu auras l'occasion de poursuivre cette discussion, non plus sur ce qu'elle croit, mais sur ce que tu crois. Si tu vois qu'elle est prête à entendre plus que ton témoignage de conversion, présente-lui l'Évangile en te servant de la méthode du « Pont », que tu es censé connaître maintenant, ou celle que tu as choisie.

D'un autre côté, si tu juges essentiel d'avoir recours à la question « comment » et que la personne accepte de répondre, écoute-la avec le même intérêt que tu as manifesté jusqu'alors. Si tu le juges à propos, utilise à nouveau les « pourquoi » et les « comment ».

Si la personne n'est pas intéressée à poursuivre la discussion, tu ne peux pas aller plus loin. Remercie-la pour la conversation et mentionne-lui que tu restes disponible si jamais elle changeait d'avis. Continue à lui témoigner de l'amour en lui faisant du bien, parce qu'il est fort possible qu'elle se sente mal à l'aise en ta présence par la suite.

## Ce que les gens croient n'est pas toujours réfléchi

*

Jésus s'intéressait aux gens qu'il côtoyait, et ceux-ci ressentaient son amour envers eux. Il connaissait les croyances de chacun ainsi que leur cheminement de vie. Il n'avait pas besoin de poser toutes ces questions pour connaître ce que les gens croyaient vraiment au fond de leur cœur. En cela, il avait un avantage sur nous ! Pourtant, c'est la même approche que je t'encourage à utiliser.

Regarde comment Jésus a agi avec le jeune homme riche. Celui-ci lui a posé la question : « *Maître, que dois-je faire de bon pour avoir la vie éternelle ?* » Que répondrais-tu à une telle demande ? Tu aurais sans doute le réflexe de lui présenter l'Évangile de la façon la plus complète possible. Ensuite tu l'inviterais à prier avec toi afin de recevoir la grâce de Dieu ! La plupart des chrétiens agissent ainsi. Ce n'est pas cela que Jésus a fait, et ce n'est pas ce que je t'encourage à faire.

Observons la suite de l'entretien. « *<u>Pourquoi m'interroges-tu au sujet de ce qui est bon? Un seul est bon. Si tu veux entrer dans la vie, obéis aux commandements.</u> Auxquels? demanda-t-il. Jésus répondit: Ne commets pas de meurtre; ne commets pas d'adultère; ne vole pas; ne prononce pas de faux témoignage contre quelqu'un; respecte ton père et ta mère; aime ton prochain comme toi-même. Le jeune homme lui dit: J'ai obéi à tous ces commandements. Que dois-je faire encore? <u>Si tu veux être parfait</u>, lui dit Jésus, <u>va vendre tout ce que tu possèdes et donne l'argent aux pauvres</u>, alors tu auras des* *richesses dans les cieux; <u>puis viens et suis-moi</u>. Mais quand le jeune homme entendit cela, il s'en alla tout triste, parce qu'il avait de grands biens.* » [1]

Jésus savait très bien que ce jeune homme ne pourrait jamais avoir la vie éternelle en observant les commandements, puisque ceux-ci n'ont pas été donnés pour le salut de l'homme. Ils se limitent essentiellement à faire connaître le péché, à nous en <u>rendre conscients</u> De toute façon, Jésus était déjà au courant des manquements de ce jeune homme. Il a simplement voulu utiliser les commandements pour l'aider à en prendre conscience. Le jeune homme n'a toutefois pas saisi le sens des paroles de Jésus. Il pensait bien avoir observé les commandements depuis sa jeunesse. Alors, Jésus continua jusqu'à ce que celui-ci soit placé face à son péché. Il lui a dit : « *<u>Si tu veux être parfait, va vendre tout ce que tu possèdes et donne l'argent aux pauvres</u>, alors tu auras des richesses dans les cieux; <u>puis viens et suis-moi</u>.* ».

Jésus aurait pu lui dire directement : mon ami, lâche ta cupidité et tu pourras obtenir la vie éternelle que tu recherches ! Ce n'est pas ce qu'il a fait ! Remarque que Jésus était au fait du cheminement spirituel de ce jeune homme. Il connaissait parfaitement que ce dont il avait besoin n'était pas nécessairement de vendre tout ce qu'il possédait, mais de <u>prendre conscience</u> de son amour trop grand pour l'argent. Jésus savait ce qui se trouvait déjà dans son cœur, il a simplement conduit la discussion de façon à ce que le jeune homme puisse <u>prendre conscience</u> du péché qui l'empêchait de rece-

## Ce que les gens croient n'est pas toujours réfléchi

voir la vie éternelle ! En lui demandant de vendre ses biens et de les distribuer aux pauvres, il a cherché à ouvrir ses yeux sur ce qui le séparait de Dieu. En fait, l'argent était son dieu.

Je me demande combien de personnes fréquentant nos églises ont accepté l'Évangile tout en demeurant dans leur condition de perdition, parce qu'on s'est empressé de leur présenter un Évangile trop facile. Ne fais pas ce genre d'erreur avec les gens que tu désires conduire à l'acceptation de la grâce de Dieu. Tu dois rester sur ces deux premières questions jusqu'au moment où les croyances de la personne deviennent claires pour toi, te permettant ainsi de l'aider à <u>prendre conscience</u> de ce qui la sépare de Dieu. Aussi, si tu lis la Parole de Dieu comme je te l'ai conseillé, tu deviendras de plus en plus apte à donner les bons passages.

Revenons à mon exemple avec le chauffeur de taxi. Je n'ai pas cherché à lui sauter dessus et à lui dire qu'il était détraqué dans le domaine théologique ! Si je l'avais fait, j'aurais du même coup mis fin à la conversation. Je me suis plutôt efforcé de savoir <u>comment</u> il en était arrivé à croire ce qu'il me partageait. Je lui posais des questions qui me permettaient de découvrir son cheminement spirituel. J'ai alors pu comprendre où il se situait exactement dans ses croyances et discerner les hérésies dans lesquelles il se trouvait. J'ai pu voir, contrairement à ce qu'il semblait croire au début de notre discussion, que la Bible <u>n'était pas l'autorité finale en matière de foi</u>. Pour lui, la Parole de Dieu se trouvait également dans tous les autres livres qu'il avait lus. Si je n'avais pas posé ces deux questions, je ne l'aurais pas découvert !

De plus, alors que j'utilisais les « pourquoi » et les « comment », Dieu me donna les passages qu'il avait besoin d'entendre. N'ayant pas ma bible, je les ai cité, et, je lui ai demandé : « Qu'est-ce que tu fais avec ce passage-là ? » C'était Dieu qui m'assistait. C'était vraiment Dieu qui avait placé ces passages dans mon cœur. Je suis sûr que, s'Il a fait cela, ce n'est pas pour rien.

Bien sûr, il ne s'est pas converti ; il était aussi mélangé lorsque je suis sorti de son véhicule avec mon épouse que lorsque nous y sommes entrés, mais je l'ai laissé avec trois versets qui pouvaient l'aider <u>à prendre conscience</u> de sa condition spirituelle devant Dieu. Je n'aurais jamais pu aller aussi loin si je n'avais pas premièrement établi un climat de confiance !

*

Avoir eu plus de temps, je lui aurais posé la question que nous allons regarder maintenant.

c) **Comment peux-tu être sûr que c'est la vérité ?**

Tous les « pourquoi » et les « comment » ont pour but d'aboutir à cette dernière question. C'est cette question qui te permettra de changer la direction de la conversation vers l'exposé de ton témoignage personnel ou de l'Évangile, à moins d'avoir pu le faire plus tôt.

## Ce que les gens croient n'est pas toujours réfléchi 127

Il est possible que la personne refuse de répondre à cette troisième question, étant donné qu'elle va plus loin que les deux autres. Les deux premières questions permettent d'examiner, sous toutes les coutures, les croyances de la personne. Cette troisième question l'oblige à apporter des preuves solides <u>sur la véracité</u> de ses convictions, ce qui lui est impossible si elle n'a pas fait de recherches sérieuses sur le fondement de ces dernières. À de rares exceptions près, les gens ne font pas ce genre de recherche.

Personnellement, mes croyances dans le bouddhisme tibétain provenaient de mes lectures sur le sujet, mais je n'ai jamais fait de recherche sérieuse sur <u>l'origine</u> et <u>la véracité</u> de celles-ci. De toute façon, il est impossible aux gens de ce monde d'apporter une défense qui se tient à la lumière de la Parole de Dieu, parce qu'il n'y a qu'une seule vérité. La Bible est le seul livre pouvant servir d'autorité finale pour définir ce que nous devrions croire ou la façon dont nous devrions vivre.

Jésus a dit : « *<u>Je suis</u> le chemin, <u>la vérité</u>, la vie. Personne ne peut aller au Père autrement que par moi* » (Jean 14. 6) ; et l'apôtre Pierre a mentionné que : « *Il n'y a de salut en aucun autre ; car il n'y a sous le ciel aucun autre nom qui ait été donné parmi les hommes, par lequel nous devions être sauvé.* » (Actes 4:12).

- Prends un temps de réflexion afin de noter les choses que tu aurais à corriger dans ta façon d'aborder les gens. As-tu encore tendance à chercher à les confondre par l'argumentation ? As-tu tendance à leur présenter trop rapidement l'Évangile ? As-tu tendance à éviter d'apporter l'Évangile parce que tu as peur des hommes, de ce qu'ils pourraient penser de toi si jamais ils apprenaient qui tu es vraiment ? Que comptes-tu faire de l'approche que je te suggère d'utiliser ? Prends le temps de noter tes réponses, et parles-en avec Dieu dans la prière avant de poursuivre ta lecture.

# CHAPITRE 9

## *L'importance de nos convictions personnelles*

Après tout ce que tu as lu jusqu'à présent, tu as peut-être l'impression que tu n'arriveras jamais à pratiquer cette façon d'évangéliser. Les « pourquoi » et les « comment » t'apparaissent peut-être trop difficiles à employer parce que tu as peur de te retrouver dans une situation gênante. T'inquiètes-tu de ne pas posséder les réponses et de te retrouver dans la confusion ? Si une telle situation venait à se produire, tu n'as qu'à répondre honnêtement.

Comme je te l'ai déjà dit, tu n'as pas besoin d'élaborer toutes sortes d'explications ! Tu peux simplement dire : *Je n'ai pas toutes les réponses à ces questions, par contre, ce dont je suis certain, c'est l'œuvre que Dieu a faite dans ma vie et la conviction que son Esprit place dans mon cœur !* ou quelque chose dans ce genre-là. À cette étape, ne prends pas le temps de leur demander la permission de leur partager ton témoignage ; présente-le sans hésitation !

Ton but consiste à leur partager ce que tu crois. <u>La principale raison de toutes les questions que tu poses</u> est de développer un climat de confiance te permettant de leur présenter la bonne nouvelle du salut gratuit en Jésus-Christ.

C'est de cette façon que j'ai commencé à évangéliser ! Je m'intéressais aux gens, et Dieu me donnait la sagesse au temps où j'en avais besoin, soit pour leur partager mon témoignage ou l'Évangile. Jésus n'a-t-il pas dit : « *Quand on vous conduira pour être jugés dans les synagogues, ou devant les dirigeants ou les autorités, ne vous inquiétez pas de la manière dont vous vous défendrez ou de ce que vous aurez à dire, car le Saint-Esprit vous enseignera à ce moment-là ce que vous devez exprimer* » ? (Luc 12.11,12)

Peu importe si les croyances spirituelles de la personne que tu désires évangéliser te sont inconnues, ou si cette personne te pose des questions sans que tu sois en mesure d'y répondre ! Il n'est pas nécessaire de posséder une parfaite maîtrise des sujets abordés avec tous et chacun. Tu ne peux pas tout connaître dans la vie, ni dans la Bible ! Tout ce que tu as besoin de

## L'importance de nos convictions personnelles 133

connaître, ce sont les vérités essentielles de la Parole de Dieu concernant le salut en Jésus-Christ, et cela au fur et à mesure que tu grandis spirituellement. Ton but n'est pas de défaire les croyances des gens, mais de leur présenter la bonne nouvelle du salut en Jésus seul.

Toutes les religions de ce monde revêtent un point commun. Chacune enseigne un salut par les œuvres. Tous les gens qui en font partie croient que pour obtenir le paradis auquel ils aspirent, peu importe à quoi il peut ressembler, ils doivent le gagner ou le mériter. Seuls les chrétiens croient dans un salut gratuit, rendu possible seulement par les mérites du Fils de Dieu, le Seigneur Jésus-Christ, qui ne peut être obtenu que par la grâce de Dieu. C'est là ce qu'enseigne la Parole de Dieu : « *En effet, vous êtes sauvés grâce à la bonté de Dieu, et parce que vous croyez. Cela ne vient pas de vous, c'est Dieu qui vous donne le salut. Ce salut ne vient pas de vos actions à vous, donc personne ne peut se vanter !* » (Éphésiens 2.8,9)

\*

Dick Innes, le fondateur de « ACTS International », a dit : « *Jésus-Christ naquit en Palestine dans des conditions des plus modestes, il y a de cela plus de 2000 ans alors que César Auguste gouvernait le vaste empire romain. Mais avant qu'Il n'atteigne son trentième anniversaire de naissance, on ne sait presque rien au sujet de Jésus. Cependant, l'impact produit par Ses trois années de ministère a littéralement changé le* monde, incluant le changement de datation de notre calendrier : avant Jésus-Christ, après Jésus-Christ. »

H.G. Wells, l'illustre historien, déclara au sujet de Jésus : « Je ne suis pas croyant, mais je dois en tant qu'historien confesser que cette créature née sans le sou en Galilée est irrésistiblement le centre de l'histoire ».

<u>Jamais personne n'a fait autant de prodigieuses revendications que Jésus</u>, à savoir qu'Il était le Fils de Dieu, le Messie tant attendu, et la seule et unique façon pour l'homme d'aller au Père. Il prétendait pouvoir pardonner les péchés et donner aux gens la vie éternelle. Mais au-delà de toutes ces déclarations, il prétendait être Dieu, disant : « Moi et le Père (Dieu), nous sommes un. » [1]

Socrate déclara un jour : « Oh ! Que quelqu'un se lève, homme ou Dieu, afin que nous puissions voir Dieu. » Quatre cents ans plus tard, le Christ vint et prétendit être cette personne. Mais Jésus-Christ était-il le Fils de Dieu ou tout simplement le plus grand imposteur à avoir foulé le sol de notre planète ?

Lew Wallace, un distingué général, doué d'un génie littéraire, et Robert Ingersoll, un sceptique reconnu se sont mis d'accord pour écrire un livre qui prouverait que le christianisme n'est qu'un mythe. Cependant après avoir consacré deux ans de recherches à travers les plus fameuses bibliothèques de l'Europe et de l'Amérique, l'attitude de Lew Wallace se transforma complètement. Alors qu'il n'avait terminé que les deux *premiers chapitres, il tomba sur ses genoux et s'écria en priant : « Mon Seigneur et mon Dieu ! » Les recherches de Wallace l'ont convaincu de la divinité de Jésus-Christ. Il écrivit Ben Hur, l'un des plus grands romans publiés sur l'époque de Christ. Plus tard, Robert Ingersoll donna cet avertissement : « Si vous utilisez mes discours, ne citez aucune des déclarations stupides que j'ai pu faire auparavant contre Christ. »*

*Josh Mcdowell l'un des plus célèbres auteurs et conférenciers a vécu lui aussi la même transformation. Car son excellent livre pro-Christ intitulé, « Evidence That Demands a Verdict », visait originalement à renier le christianisme.*

*Jésus-Christ, n'est cependant pas le seul leader religieux qui prétendit être Dieu, mais Il est le seul qui réussit à convaincre une très grande majorité des hommes qu'Il était vraiment Dieu. Il est de plus le seul leader à prétendre qu'Il ressusciterait d'entre les morts.[2] L'histoire a prouvé qu'Il ne mentait pas, car des femmes qui visitaient le tombeau, le trouvèrent vide, un fait corroboré par Ses disciples et par plus de 500 témoins.[3]*

*Joséphus, le renommé historien juif, compila dans ses écrits la résurrection de Christ. Joséphus enregistrait les événements afin de satisfaire le gouvernement romain, et de plus son récit de la résurrection de Christ ne faisait pas du tout le bonheur des Romains ; il est donc certain que Joséphus ne l'aurait pas inclus s'il avait le moindrement douté de la véracité des faits.*

*On retrouve dans la Bible plus de 300 prophéties écrites des siècles avant la naissance de Jésus et qui se rapportent à Sa vie, ces mêmes prophéties confirment la divinité de Christ. Par exemple, 700 ans avant la naissance de Jésus à Bethléhem, le prophète Michée écrivit : « Et toi, Bethléhem... toi qui es petite parmi les milliers de Juda, de toi sortira pour moi celui qui dominera sur Israël. »* [4] *Le roi David prophétisa mille ans avant la mort de Jésus comment Christ mourrait. Il décrivit ce qui se passa lors du crucifiement : « Ils ont percé mes mains et mes pieds. »*[5]

*Cette prophétie est d'autant plus remarquable que cette forme d'exécution par crucifixion était inconnue à l'époque de David. Cette affreuse forme de torture fut utilisée par les Perses des siècles plus tard. David prophétisa aussi que Christ serait trahi par un ami, que les gens parieraient sur Ses vêtements, « Ils tirent au sort ma tunique », et qu'Il mourrait entouré de criminels.*[6] *Il a aussi prophétisé le dernier cri du Sauveur : « Mon Dieu, mon Dieu ! Pourquoi m'as-tu abandonné ? »* [7] *Toutes ces prophéties se sont réalisées.*

*La venue de Christ sur terre fut prophétisée 600 ans à l'avance par Daniel. Et 100 ans avant son accomplissement, Zacharie, prophétisa que Christ entrerait triomphalement dans Jérusalem montant un ânon, et que Christ serait trahi pour une somme de trente pièces d'argent et que cette somme servirait à l'achat du champ du potier.*[8]

## L'importance de nos convictions personnelles

*Toutes ces prophéties écrites des centaines d'années avant la venue de Christ, se sont entièrement réalisées, apportant la preuve irréfutable que Jésus était vraiment le Messie promis, le Sauveur du monde. Alors qu'Il était avec Ses disciples, Jésus leur demanda, « Qui dites-vous que Je suis ? » Pierre lui répondit, « Tu es le Christ, le Fils du Dieu vivant. »* [9]

*Voilà la question que nous devons tous nous poser. Car si Christ est vraiment celui qu'Il prétend être, notre réponse à cette question déterminera notre relation éternelle avec Dieu.*

*Nous devons rejeter cette théorie qui prétend que Jésus est un grand moraliste mais qu'Il n'est pas Dieu. C.S. Lewis, un ancien professeur de Cambridge et de Oxford écrivit : « Un homme qui fait les mêmes déclarations que Jésus, ne peut être un grand moraliste. Il serait soit un lunatique, ayant le même niveau intellectuel qu'un homme qui se croit être un oeuf poché, ou bien il est un disciple de Satan. Vous devez choisir et décider soit que cet homme était et est le Fils de Dieu, ou bien qu'il est un aliéné, un fou furieux ou même pire encore. Si c'est un fou vous pouvez le faire taire, si c'est un démon vous pouvez lui cracher dessus et le tuer ; ou bien vous vous jetez à Ses pieds, et l'appelez Seigneur et Dieu. Mais cessons donc toute cette condescendance, ce non-sens qui nous le fait voir comme un grand moraliste. Christ n'a pas voulu nous laisser cette impression, cela n'était pas du tout Son intention. »* [1]

---

[1] Ce texte a été écrit par Dick Innes, le fondateur de « ACTS International », un acronyme qui signifie (A Christian Teaching Service). C'est une organisation à but non lucratif dont les membres et les supporteurs proviennent de différentes églises et dénominations chrétiennes. Voici l'adresse de leur site Internet : http://www.actsweb.org/fr/index.html

Références du texte : *1.* Jean 10.30  *2.* Matthieu 16.21  *3.* Luc 24.13-4 ; 1 Corinthiens 15.5-8  *4.* Michée 5.1  *5.* Psaume 22.17  *6.* Psaume 41.9 ; 22.18  *7.* Psaume 22.1.  *8.* Daniel 9.25,26 ; Zacharie 9.9,10 ; 11.12  *9.* Matthieu1 6.15,16.

Ce qui importe, ce sont tes convictions personnelles en matière de foi ! J'ai placé dans l'ANNEXE 2 des suggestions de lecture sur les différents sujets que tu pourrais aborder avec les gens. Ils pourront t'aider dans ton ministère d'évangélisation, et aussi à affirmer ta foi. Tu pourras également les mettre à la disposition de ceux qui recherchent sérieusement la vérité. Tu peux toi-même t'informer auprès d'une librairie chrétienne des sujets dont tu aurais besoin. Essaie de prendre de bons livres qui ne sont pas trop longs à lire. Lorsque tu prêtes un livre, je te suggère de fixer une date de retour ; ainsi, tu pourras avoir une occasion de plus de discuter de choses spirituelles avec la personne et voir si elle a progressé dans sa réflexion.

Y a-t-il une seule chose, à part la foi, qui puisse garantir que l'Évangile est vraiment la vérité, ou est-ce seulement dans la tête des croyants ? Et bien, oui ! Il y a une personne qui peut le prouver de manière à nous en convaincre profondément. Cette personne est le Saint-Esprit de Dieu, la troisième personne de la Trinité, que nous recevons au moment de notre conversion. Même les gens qui nous côtoient peuvent le voir agir en nous, sans pour autant en faire l'expérience pour eux-mêmes. Le Saint-Esprit nous transforme dans notre être intérieur ; son œuvre en nous ne peut venir de l'homme.

Cette transformation intérieure t'a donné <u>une conscience juste</u> du péché. Elle t'a donné <u>un désir extrêmement fort</u> de vivre d'une façon qui honore Dieu et <u>un plus grand amour</u> envers ton prochain et même tes ennemis ! C'est lui qui te pousse à pardonner et à

# L'importance de nos convictions personnelles

te réconcilier avec les gens autour de toi ! Tu n'avais jamais vécu cela auparavant ! Ce sont des expériences très présentes au début de ta conversion.

Te rends-tu compte également que tu as <u>des facultés nouvelles</u> te permettant de connaître et comprendre la volonté de Dieu dans sa Parole, la Bible ? Lorsque nous lisons la Bible avant de se convertir, elle n'a aucun sens et elle est ennuyeuse. Mais brusquement, nous avons de la difficulté à la mettre de côté, et nous comprenons ce que nous lisons parce que le Saint-Esprit ouvre nos yeux et notre cœur sur le message des Saintes Écritures. Il commence alors à nous convaincre profondément que l'Évangile dans lequel nous avons cru est véridique.

As-tu réalisé que ta foi en Jésus seul pour ton salut éternel avait <u>désaltéré ta faim et ta soif spirituelles</u> parce que le Saint-Esprit de Dieu est venu habiter en toi ? Jésus a dit : *« Je suis le pain de vie. Celui qui vient à moi n'aura jamais faim et celui qui croit en moi n'aura jamais soif... »* (Jean 6. 35)

Beaucoup de personnes pensent que la voie pour une véritable relation avec Dieu, c'est de chercher à gagner Sa faveur. Si elles peuvent seulement faire assez pour Dieu et Lui donner assez, alors Dieu en sera heureux et leur donnera la sorte de puissance, de joie et d'ardeur dont elles ont besoin. Mais c'est exactement le contraire qui est vrai. La voie pour aller à Dieu et étancher leur soif spirituelle, c'est Jésus, la vraie source d'eau vive.

Il est celui qui satisfait notre soif spirituelle ! « *Si quelqu'un a soif, a dit Jésus, qu'il vienne à moi et qu'il boive. Celui qui croit en moi, <u>des fleuves d'eau vive jailliront de son cœur</u>, comme dit l'Écriture. <u>Jésus parlait de l'Esprit de Dieu</u> que ceux qui croyaient en lui allaient recevoir. À ce moment-là, l'Esprit n'avait pas encore été donné, parce que Jésus n'avait pas encore été élevé à la gloire.* » (Jean 7. 37-39)

As-tu réalisé que dès l'instant où Dieu a purifié tes péchés en réponse à ta repentance et à ta foi en Jésus, tu as commencé <u>à vivre un lien d'appartenance extrêmement puissant</u> avec les autres croyants ?

Alexander Maclaren a dit : « *Le monde civilisé au temps de Jésus était fissuré par un grand et profond gouffre de séparation, comme les crevasses dans un glacier, à côté desquelles nos animosités raciales et nos différences sociales ne sont simplement que des fentes superficielles sur la surface. La langue, la religion, les animosités nationales, les profondes différences dans les conditions sociales, et le plus triste de tout, la différence extrêmement marquée entre les sexes, déchiraient littéralement ce monde. On utilisait le même mot pour désigner un étranger et un ennemi. Les sages et les ignorants, les esclaves et les maîtres, les barbares et les grecs, les hommes et les femmes, se tenaient chacun sur des côtés opposés de crevasses, remplis d'animosités les uns envers les autres. C'est alors que les bénédictions de l'Évangile sont venues. Alors, le barbare, l'esclave et l'homme libre, l'homme et la femme, le juif et le grec, le sage et l'ignorant, se*

# L'importance de nos convictions personnelles

*sont serré la main, se sont assis à la même table, et ont senti qu'ils étaient tous un en Jésus-Christ. »*[2]

Lorsque nous nous convertissons, l'amour de Dieu est répandu dans nos cœurs par le Saint-Esprit, en faisant de nous une nouvelle création ! Cet amour transforme nos vies ! C'est entre autres choses, ces réalités dans ta vie qui te garantissent que l'Esprit de Dieu habite réellement en toi et que l'Évangile est la vérité. Ce n'est pas juste quelque chose qui se passe dans ta tête ; tu es devenu une nouvelle personne ! Tu le ressens à l'intérieur de ton être et les gens autour de toi le voient. Ils ne savent pas pourquoi tu as changé, cependant il le remarque. C'est seulement si tu es convaincu de ta foi et la comprends, que tu pourras avoir l'assurance dont tu as besoin pour la partager avec ceux qui t'entourent.

- Avant de terminer ce livre, prends le temps de noter les transformations évidentes que tu vois dans ta vie, par des exemples pertinents qui peuvent laisser une impression profonde dans le cœur de ceux qui écouteront ton témoignage personnel. N'oublie jamais que personne ne peut contredire ton témoignage de conversion et que l'Évangile que Dieu te demande de partager avec les gens autour de toi ne peut pénétrer dans leur cœur que par l'œuvre de l'Esprit de Dieu.

_____

_____

_____

_____

---

2 Ce texte est tiré de : *Exposition of Holy Scriptures*, vol.10, p.227-228

# ANNEXE 1

## *Témoignage d'évangélisation*

Tu n'as pas besoin de rechercher la perfection en préparant ton témoignage personnel. Tu peux simplement suivre les principes élaborés au chapitre cinq. J'utilise, ici, un exemple de témoignage qui a été préparé pour être donné devant un large auditoire lors d'un Déjeuner de l'Espoir. Il est plus long que ce que tu auras probablement toi-même à composer. Mais, partant d'un témoignage plus détaillé, il est toujours possible ensuite d'en résumer les grandes lignes et de s'en servir pour le présenter d'une façon plus concise une autre fois.

J'ai choisi, pour t'aider dans ta préparation, le témoignage d'un frère de l'église de Repentigny. Je débute avec ce qu'il a préparé avant les corrections que je lui ai demandé d'y apporter. J'ai placé entre parenthèses les suggestions que je lui ai proposées, et je les ai mises en italique pour que tu puisses mieux les repérer. Suite aux corrections qu'il a faites, je te donne le témoignage terminé en incluant les corrections en italique. Ces suggestions sont là pour t'aider à comprendre l'importance de bien préparer chaque section de ton témoignage, soit :

a) *Ta vie avant d'avoir connu Christ ;*
b) *La façon dont tu t'es converti à Christ ; (sois précis)*
c) *Ta vie après avoir reçu Christ (les changements qu'Il a opérés dans ta vie et ce qu'Il signifie pour toi maintenant).*

\*

## TÉMOIGNAGE DE MICHEL « AVANT LES CORRECTIONS »

### *Sa vie avant d'avoir connu Christ*

J'ai grandi dans une famille catholique dans les années 50. Je suis né le deuxième et j'ai deux frères et une sœur. Mes parents se sont mariés en 1947, après s'être fréquentés depuis la fin de la Deuxième Guerre mondiale. Mon père travaillait énormément : de six à sept jours par semaine. Souvent, il débutait à partir de cinq heures le matin et jusqu'à minuit.

## Témoignage d'évangélisation

Ma mère veillait sur tout. Elle gérait tout et quand je dis tout, c'est vraiment tout. À cette époque-là, les « super women » existaient. Rien ne lui échappait, aucune place pour les imprévus... J'étais un vrai petit aventurier à l'esprit vif, je vous l'assure. Quand j'allais jouer à l'extérieur, elle me mettait un attelage qui lui, était attaché après la corde à linge, se croyant en sécurité. Pensez-vous que c'est un obstacle pour un aventurier ? Pas du tout ! Ça n'a pas été long de découvrir comment m'en débarrasser ! Eh bien ! Ça n'a pas été long de sentir une chaleur dans le bas du dos non plus !

J'ai compris plus tard que ma mère était une personne anxieuse, qui a été mal aimée et qui ne savait ni comment aimer, ni comment le dire. Elle était écrasée sous le fardeau des responsabilités. Mon père de son côté, vivait la même insécurité, ce qui le poussait à travailler énormément.

Après chaque naissance, c'était une grande joie pour eux, mais leurs fardeaux devenaient de plus en plus lourds, et leur insécurité augmentait. La religion était importante, surtout pour mon père. Le dimanche, il n'était pas question de rater la messe ! Le pantalon pressé, la chemise empesée, les souliers du dimanche, la gelée dégueulasse dans les cheveux faisaient partie des usages. C'était un cadre sécurisant pour mes parents, le moule conforme aux années 50.

Quand arrivait la période des Fêtes ou des vacances, mes parents se laissaient aller, laissaient tomber les règles au fur et à mesure que la bière coulait, on ne comprenait plus rien, et à les regarder, eux non plus.

Mon père à ce moment-là venait nous réveiller, étouffé et rongé par le remords, pour nous demander pardon du mauvais exemple qu'il nous donnait. Ma mère avait trop honte et, pendant des journées entières, elle était incapable de nous regarder en face.

Comme je vous l'ai partagé plus tôt, il était difficile de freiner l'aventurier en moi. Quand tous dormaient, j'ai trouvé le moyen d'aider mes parents. Je me suis levé et doucement j'ai vidé toutes les bouteilles de boisson dans le lavabo. Fini, plus de problèmes ! C'est ce que je croyais. Eh bien ! Laissez-moi vous dire que le bas du dos m'a chauffé une fois de plus.

En 1975, j'ai rencontré Ginette. Nous nous sommes fréquentés pendant un an et nous envisagions l'avenir avec enthousiasme et bonheur.

*(**Note** : Michel nous convie à découvrir dès la première phrase ce que sa vie a été, mais il met toutefois l'emphase sur celle de sa mère et de son père. On n'a aucune information sur sa vie entre sa naissance et sa rencontre avec Ginette, sinon l'incident des bouteilles. On ne sait rien sur son lieu de naissance, comment il a traversé ces années avec la situation familiale qu'il décrit, ses études, son travail, sa rencontre avec Ginette ... Je lui ai donc demandé de nous donner un peu plus de détails sur cette partie de sa vie.)*

# Témoignage d'évangélisation

Je me voyais avec elle déjà marié avec dix enfants. Imaginez, Ginette en désirait douze, une équipe de football à nous seuls. Nous avions tout planifié pour que ce rêve devienne réalité. Quelques mois avant notre mariage prévu en juin 1976, lors d'une visite chez son médecin, Ginette apprend qu'elle ne pourrait jamais avoir d'enfant. Nous avons pleuré ensemble. Nous avions tout planifié sans rien oublier, sauf l'essentiel, la capacité physique d'en avoir. J'ai rassuré Ginette en lui disant que mon amour pour elle n'était en rien changé, que l'adoption était là, et on allait l'utiliser. À ce moment-là, nous ne connaissions pas les lourdeurs bureaucratiques de l'adoption...

Je ne vous apprendrai rien si je vous dis que les enfants devenus grands reproduisent la plupart du temps ce qu'ils ont vu et entendu. J'ai sombré dans le travail, l'alcool et la drogue pendant vingt ans. Je travaillais seize heures par jour en essayant de me faire croire que Ginette ne manquait de rien. J'étais rempli de honte, de culpabilité et d'insécurité. Pendant ces vingt ans, j'ai répété à Ginette à maintes reprises que j'arrêterais boisson et drogue.

Pour ceux qui connaissent quelqu'un ou qu'eux-mêmes vivent avec une accoutumance à la drogue et aux boissons, croyez-moi, je n'ai jamais menti à Ginette sur mon état. Mais après trois jours, les mains me tremblaient tellement que je ne pouvais pas manger une soupe, le cœur me faisait des ratés et les sueurs m'envahissaient sur le corps en entier. La peur de mourir s'emparait de moi ; je croyais que la tête allait m'éclater.

Rendu là, je recommençais à boire et fumer. La culpabilité, la honte, les remords étaient tels qu'au bout de vingt ans j'ai pensé à quitter Ginette que j'aimais tellement et m'enfuir me cacher loin d'elle vers l'itinérance. Je suis bien content de ne pas l'avoir fait, l'hiver au Québec est assez froid, n'est-ce pas ?

### *La façon dont il s'est converti à Christ*

En 1995, nous avons bâti une maison à Mascouche. Par la porte patio de la cuisine, le soir, je pouvais voir le clocher de l'église Saint-Henri s'illuminer. Un soir, je dis à Ginette : « Tu vois cette lumière, c'est artificiel ! Tu vois ma vie, elle est tout aussi artificielle ! » Je crois que Dieu existe Ginette et j'aimerais qu'un jour quelqu'un me le fasse connaître. Depuis vingt ans, nous avions à la maison une Bible qui était encore toute neuve. Je l'ai ouverte et chaque soir je lisais le Psaume 6 qui disait, « *Aie pitié de moi, Éternel! Je suis sans force ; guéris-moi, mon âme est toute troublée, Éternel !* « ***JUSQU'À QUAND ?*** » C'était ma prière chaque soir.

Au printemps 1996, toujours incapable de cesser drogue et alcool, mon patron me demande de faire une livraison avec monsieur Decoste. En route, j'ai confié à Jean-Guy ma détresse et ma prière à Dieu. À ce moment-là, il me dit : « Écoute Michel, lis autre chose et si tu ne comprends pas je serai heureux de te l'expliquer, si tu le veux. »

Le 6 juin 1996, vers 19 heures, j'ouvre ma vieille bible neuve dans l'Évangile selon Jean au chapitre 4, et

## Témoignage d'évangélisation

je lus ceci : « Jésus, fatigué du voyage, s'assit au bord du puits. Une femme vint pour puiser de l'eau, Jésus lui parle : s'il te plaît, donne-moi à boire un peu d'eau. Elle s'exclama : comment ? Tu es juif et tu me demandes à boire à moi qui suis une Samaritaine ? Les Juifs évitaient toutes relations avec les Samaritains ! Jésus lui répondit : Si tu savais quel don Dieu veut te faire et qui est celui qui te demande à boire, c'est toi qui aurais demandé à boire, il t'aurait donné de l'eau vive. Celui qui boit l'eau de ce puits aura de nouveau soif, mais celui qui boira de l'eau que je lui donnerai n'aura plus jamais soif. Bien plus encore ! L'eau que je lui donnerai deviendra en lui une source intarissable qui jaillira jusque dans la vie éternelle.

Je sortis à l'extérieur, songeur. Je me sentais tellement mal, je me voyais sans force, impuissant et une peur de mourir m'habitait. J'ai dit : « Seigneur Jésus, donne-moi de cette eau. Libère-moi de l'esclavage de la boisson et de la drogue. Sauve-moi ! » Je suis entré dans la maison et j'ai réveillé Ginette. Je lui ai dit que j'arrêtais tout. À moitié réveillée, elle m'a dit : « Oui ! Oui ! Michel. » Et elle s'est rendormie. Pas étonnant, n'est-ce pas ?

Après une semaine, elle remarquait mes tremblements. J'avais des délires la nuit ; on appelle cela du *delirium tremens*. Après deux semaines, lors d'une visite chez le médecin, je lui dis que je ne prenais plus rien et qu'il pouvait me soigner. Il me demande avec qui et quelle thérapie je suivais. Je lui ai alors dit que j'avais arrêté seul et que Jésus était mon thérapeute. En colère, il m'a traité de fou et que j'aurais pu mourir. Ne conseille pas cela à personne ! Eh bien, je ne conseille pas à qui que ce soit de faire la même chose. C'est vraiment fou ! Mais je vous conseille d'aller au puits que Jésus offre à tous, peu importe votre condition.

*(**Note** : Le témoignage de conversion de Michel n'est pas clair, ni ce qui l'a vraiment conduit à cesser de boire, ni pourquoi cette fois-ci il n'a pas recommencé. L'Évangile n'est pas bien exposé ! C'est ici le point le plus important du témoignage. Il faut donc donner le plus de détails possible, sans toutefois exagérer ; il faut seulement que celui qui écoute puisse bien comprendre comment il peut lui-même faire dans sa vie l'expérience du salut en Jésus-Christ. J'ai donc demandé à Michel de clarifier son expérience de conversion.)*

### *Sa vie après avoir reçu Christ*

Depuis huit ans, à chaque jour, il me rafraîchit de cette eau. Je n'aurais jamais même imaginé être aimé et aimer comme cela aujourd'hui. Oui, des difficultés il y en a encore, mais l'insécurité, le désespoir, eux ont disparu.

*(**Note** : Michel ne donne pas de détails sur les transformations que la grâce de Dieu a apportées dans sa vie après sa conversion. Par exemple, il nous dit que depuis huit ans, Dieu le rafraîchit avec cette eau. Que veut-il dire ? Il faut qu'il donne des détails concernant l'insécurité et le désespoir qui ne sont plus présents dans sa vie. À ne pas oublier qu'il nous dit au début de*

# Témoignage d'évangélisation

*son témoignage, que son plus grand désir est que ceux qui écoutent puissent repartir encouragés et remplis d'espoir.)*

En 2000, nous avons perdu notre maison et on s'est retrouvé sans un sou. Nous avons prié, et Dieu nous a donné un condo à 50 000 $ à Repentigny. En 2002, on l'a vendu 89 000 $. Nous rêvions d'une maison à la campagne. Nous en avons trouvé une à Saint-Paulin à 54 000 $, avec des versements de 275 $ par mois. En 2004, on a pensé vendre pour revenir à Repentigny. Ma nièce et son mari, en visite nous ont dit : « Si un jour vous vendez, pensez à nous », et cela une semaine après que nous ayons prié.

*(**Note** : Michel nous donne une expérience avec Dieu qu'il est difficile de rattacher avec ce qui précède. Je lui ai demandé de clarifier ce que ces événements ont à faire dans son témoignage.)*

*

## TÉMOIGNAGE DE MICHEL « APRÈS LES CORRECTIONS »

### *Sa vie avant d'avoir connu Christ*

*Je suis né à Pont-Viau, Laval. J'ai grandi dans une famille catholique de quatre enfants, dont trois garçons et une fille. Je suis le deuxième. La religion était importante, surtout pour mon père. Le dimanche, il n'était pas question de rater la messe, pantalon pressé, chemise empesée, souliers du dimanche, la gelée dégueulasse dans les cheveux. C'était un cadre sécurisant pour mes parents, le moule conforme des années cinquante.*

Mon père travaillait énormément, six jours par semaine, souvent de cinq heures le matin jusqu'à minuit. Ma mère veillait sur tout. Elle gérait tout et quand je dis tout c'est vraiment tout. Rien ne lui échappait, aucune place pour les imprévus... J'étais un vrai petit aventurier à l'esprit vif, je vous l'assure. Quand j'allais jouer à l'extérieur elle me mettait un attelage qui était attaché après la corde à linge, me croyant ainsi en sécurité. Pensez-vous que c'est un obstacle pour un aventurier ? Pas du tout ! Ça n'a pas été long de découvrir comment m'en débarrasser ! Eh bien ! Cela n'a pas été long avant que je sente une chaleur dans le bas du dos non plus !

*À mes premières années d'école, comme j'avais de la difficulté à mémoriser, ma mère me faisait souvent lever très tôt pour réviser. Toutefois, quand j'arrivais à l'école, j'avais un trou de mémoire total et à mon retour, il n'était pas question d'aller jouer dehors ; il fallait que j'étudie.*

*Mon père et ma mère étaient tous deux alcooliques. Les congés, les vacances, les Fêtes tournaient souvent à la crise, violence verbale et physique, et mon père quittait la maison ou ma mère le mettait dehors. Dans ces moments-là, j'étais complètement désemparé et je craignais de ne plus revoir mon père. Je me retirais rempli d'angoisse, et me cachais pour pleurer.*

# Témoignage d'évangélisation

Mon père, quelquefois, venait nous réveiller, étouffé et rongé par le remords, pour nous demander pardon du mauvais exemple qu'il nous donnait. Ma mère avait trop honte et pendant des journées entières elle était incapable de nous regarder en face.

*Un soir, j'avais environ douze ans,* quand tous dormaient, *révolté et écœuré de vivre ça,* je me suis levé et doucement j'ai vidé toutes les bouteilles dans le lavabo. Fini, plus de problèmes que je croyais ! Eh bien ! Laissez-moi vous dire que le bas du dos m'a chauffé !

*Jusqu'à cet âge-là, mon cousin Claude Gingras, qui demeurait en face, vivait la même chose chez lui. On s'inventait toutes sortes de tours à jouer. Exemple : Faire croire, en traversant le boulevard, que l'on transportait une grande vitre chacun de notre côté. Toutes les voitures freinaient brusquement. On ne restait pas là pour voir la suite ! On s'inventait toutes sortes d'histoires. Ça nous permettait de fuir notre réalité. On jouait et on se voyait champions de football. Dans cette même année, nous aménagions à Montréal et je perdais en même temps ce qui m'était le plus cher, mon cousin.*

*À quinze ans, après le décès de mon père, j'ai dû laisser l'école pour travailler afin de subvenir aux besoins de la famille. L'aîné ayant quitté la maison, ma mère m'a imposé toute la charge et la responsabilité de la famille. Tout en travaillant, j'ai poursuivi mes études. J'ai touché à plusieurs domaines comme travailleur manuel. Dans ces années-là, tu quittais ton emploi et tu en trouvais un autre le même jour. En 1976, je travaillais à la Boulangerie de Montréal. C'est là que j'ai connu le père de Ginette. Pendant deux ans, il me parlait souvent d'une de ses filles qu'il voulait me présenter. À le voir insister tout ce temps, je craignais vraiment de rencontrer sa fille, ne sachant pas trop à quoi m'attendre. Pour me convaincre, il me proposa de la rencontrer et si ça n'allait pas, il s'arrangerait lui-même avec elle pour ne pas la peiner.*

*Donc*, en 1975, j'ai rencontré Ginette. Nous nous sommes fréquentés pendant un an et nous envisagions l'avenir avec enthousiasme et bonheur. *Nous passions de grandes soirées à discuter et je découvrais que pour la première fois, quelqu'un s'intéressait vraiment à moi. Tout ce que je rêvais de vivre dans une famille devenait alors possible. Le temps n'avait plus d'importance. Je me sentais vraiment bien et comblé avec Ginette. À un point tel que son père passait et repassait dans le salon en remontant son cadran.*

Je nous voyais mariés avec dix enfants. Imaginez, Ginette en désirait douze, une équipe de football à nous seuls. Nous avions tout planifié pour que ce rêve devienne réalité. Quelques mois avant notre mariage prévu en juin 1976, lors d'une visite chez son médecin, Ginette apprend qu'elle ne pourrait jamais avoir d'enfant. Nous avons pleuré ensemble. Nous avions tout planifié sans rien oublier, sauf l'essentiel, la capacité physique d'en avoir. J'ai rassuré Ginette en lui disant que mon amour pour elle n'était en rien changé, et que l'adoption était

# Témoignage d'évangélisation

là et on va l'utiliser. Nous ne connaissions pas les lourdeurs bureaucratiques de l'adoption.

Je ne vous apprendrai rien si je vous dis que les enfants devenus grands reproduisent la plupart du temps ce qu'ils ont vu et entendu. J'ai sombré dans le travail, l'alcool et la drogue pendant vingt ans. Je travaillais *à Boscoville, un centre pour jeunes contrevenants, comme instructeur-cuisinier. Ma relation avec ma mère était devenue de plus en plus difficile, car elle désirait que je passe ses besoins avant ceux de Ginette. Elle pouvait m'appeler en tout temps et on s'engueulait régulièrement au téléphone. Elle était constamment insatisfaite et dans cette situation vous comprendrez que ce n'était rien pour avoir une bonne relation avec Ginette. J'étais rempli de colère, de culpabilité et d'insécurité.*

Pendant ces vingt ans, j'ai répété à Ginette à maintes reprises que j'arrêterais boisson et drogue. Pour ceux qui connaissent quelqu'un ou qu'eux-mêmes vivent avec une dépendance, croyez-moi, je n'ai jamais menti à Ginette sur mon état. Mais après trois jours, les mains me tremblaient tellement que je ne pouvais pas manger une soupe, le cœur me faisait des ratés et les sueurs m'envahissaient sur le corps en entier. La peur de mourir s'emparait de moi et je croyais que la tête allait m'éclater. Rendu là, je recommençais boisson et drogues. La culpabilité, la honte, les remords étaient tels qu'au bout de vingt ans j'ai pensé à quitter Ginette que j'aimais tellement et m'enfuir pour me cacher loin d'elle, et aller vers l'itinérance. Je suis bien content de ne pas l'avoir fait, l'hiver au Québec est assez froid, n'est-ce pas ?

### La façon dont il s'est converti à Christ

À la maison, on avait une bible depuis vingt ans encore toute neuve. Je l'ai ouverte et chaque soir je lisais le Psaume 6 qui disait :

> **Aie pitié de moi, Éternel !**
> **Je suis sans force ;**
> **Guéris-moi,**
> **Mon âme est toute troublée,**
> **Éternel « Jusqu'à quand ? »**

Ce fut ma prière tous les soirs *et en même temps, dans mon for intérieur, je me disais : « Pourquoi, si Dieu existe, devrait-il me répondre à moi qui n'ai jamais cru, et si moi qui me bats contre moi-même avec autant d'efforts, je n'ai pas réussi à faire quoi que ce soit de bon, qui le pourrait ? »*

Un soir je dis à Ginette : « Tu vois cette lumière ? C'est artificiel ! Tu vois ma vie ? Elle l'est aussi ! Je suis aussi vide que l'est cette bâtisse. Tout cela n'est qu'illusion ! » *J'entretenais des pensées suicidaires et en même temps la peur de mourir m'envahissait et m'étouffait ; et j'étais convaincu que Dieu ne m'accueillerait jamais. Dans ma détresse, j'ai fait cette prière : « Si tu existes, prouve-le moi. Fais quelque chose ! »*

## Témoignage d'évangélisation

*Le lundi matin en entrant au travail,* mon patron me demande de faire une livraison avec monsieur Decoste. En route, j'ai confié à Jean-Guy ma détresse et ce que je vivais. Il m'a encouragé à lire dans l'Évangile de Jean, et il m'a dit : « Écoute Michel, lis et si tu ne le comprends pas, je serai heureux de te l'expliquer, si tu le veux. »

*Après le repas du soir,* c'était le 6 juin 1996, j'ouvre ma bible dans l'Évangile selon Jean au chapitre 4, et je lis ceci :

« Jésus fatigué du voyage s'assit au bord du puits. Une femme vint pour puiser de l'eau. Jésus lui parle : S'il te plaît, donne-moi à boire un peu d'eau. Elle s'exclame : Comment ! Tu es Juif et tu me demandes à boire à moi une Samaritaine ! Les Juifs évitaient toutes relations avec les Samaritains. Jésus lui répondit : Si tu savais quel don Dieu veut te faire et qui est celui qui te demande à boire, c'est toi qui aurais demandé à boire et il t'aurait donné de l'eau vive. Celui qui boit l'eau de ce puits aura de nouveau soif, mais celui qui boira de l'eau que je lui donnerai n'aura plus jamais soif. Bien plus : l'eau que je lui donnerai deviendra en lui une source intarissable qui jaillira jusque dans la vie éternelle. »

*Je sortis à l'extérieur de la maison, et tout ce que j'avais lu se repassait dans ma tête. Je venais de réaliser que Dieu m'avait répondu par Jean-Guy, et d'autres passages me venaient à mon esprit. Celui dans Jean 3.16 : Car Dieu a tant aimé le monde qu'il a donné son Fils unique afin que quiconque croit en lui ne périsse point, mais qu'il ait la vie éternelle, et celui dans Jean 14. 6, où Jésus dit : Je suis le chemin, la vérité et la vie nul ne vient au Père que par moi.*

*À ce moment-là, j'ai compris que le prix à payer pour moi avait été très élevé. Alors, j'ai fait cette prière : Seigneur Jésus, je t'en supplie ! Donne-moi de cette eau. Je reconnais, Seigneur, que je ne le mérite pas. C'est seulement à cause de ton amour pour moi, et parce que tu as subi à ma place la condamnation que je méritais. Aie pitié de moi, sauve-moi ! Prends ma vie Seigneur. Je mets toute ma confiance en toi seul, peu importe ce qui m'arrivera.*

Je suis entré dans la maison et j'ai réveillé Ginette. Je lui ai dit que j'arrêtais tout. À moitié réveillée, elle m'a dit : «Oui ! Oui ! Michel. » Et elle s'est rendormie. Pas étonnant, n'est-ce pas ?

Après une semaine, elle remarquait mes tremblements. J'avais des délires la nuit, on appelle cela du *delirium tremens*. Après environ deux semaines, lors d'une visite chez mon médecin, je lui dis que je ne prenais plus rien et qu'il pourrait maintenant me soigner. Il me demande avec qui et le genre de thérapie que je suivais. Je lui ai alors expliqué ce que j'avais fait et qui était mon thérapeute. En colère, il m'a traité de fou et que j'aurais pu en mourir. Ne conseille pas ça à personne !

## Sa vie après avoir reçu Christ

*« Si je suis en vie devant vous aujourd'hui, c'est uniquement à cause de la bonté et la grâce de Dieu, et de ce qu'il a fait pour moi à la croix du Calvaire. Depuis ce jour, son Esprit est venu habiter en moi. Il ne m'a jamais laissé seul. Il me fortifie et me rassure à chaque instant. Cette maison qui, je croyais, aurait pu changer ma vie, Dieu est venu la bâtir dans mon cœur. La culpabilité, la honte, la colère, les remords et la peur de mourir sont des choses du passé. Je n'ai jamais ressenti, depuis ce temps, le besoin de boisson ou de drogue. Je ne suis pas un drogué ou un alcoolique en abstinence. Je n'ai tout simplement plus besoin de ça ! Dieu l'a remplacé et comblé par un amour et une paix que jamais je n'aurais pu espérer. Je remercie Dieu pour l'épouse merveilleuse qu'il m'a donnée. »*

*En 2000, nous avons perdu notre maison. On s'est retrouvé sans un sou, mais heureux. Nous avons prié Dieu pour une maison. Il nous a donné un condo à Repentigny à 50 000 $. En 2002, on l'a vendu 89 000 $. Nous rêvions d'une maison à la campagne, il nous l'a donnée à Saint-Paulin à 54 000 $.*

\*

## TÉMOIGNAGE DE MICHEL
## RÉDUIT POUR UNE PRÉSENTATION CONCISE

### *Sa vie avant d'avoir connu Christ*

Mon père et ma mère étaient tous deux alcooliques. Les congés, les vacances, les Fêtes tournaient souvent à la crise, violence verbale et physique, et mon père quittait la maison ou ma mère le mettait dehors. Dans ces moments-là, j'étais complètement désemparé et je craignais de ne plus revoir mon père. Je me retirais rempli d'angoisse, et me cachais pour pleurer.

À quinze ans, après le décès de mon père, j'ai dû laisser l'école pour travailler afin de subvenir aux besoins de la famille. L'aîné ayant quitté la maison, ma mère m'a imposé toute la charge et la responsabilité de la famille.

Je ne vous apprendrai rien si je vous dis que les enfants devenus grands reproduisent la plupart du temps ce qu'ils ont vu et entendu. J'ai sombré dans le travail, l'alcool et la drogue pendant vingt ans.

Pendant ces vingt ans, j'ai répété à ma femme Ginette que j'arrêterais boisson et drogue. Mais après trois jours mes mains tremblaient tellement que je ne pouvais même pas manger une soupe. Le cœur me faisait des ratés et les sueurs m'envahissaient sur le corps en entier. La peur de mourir s'emparait de moi et je croyais que la tête allait m'éclater. Rendu là, je recommençais boisson et drogues.

# Témoignage d'évangélisation

## *La façon dont il s'est converti à Christ*

À la maison on avait une bible depuis vingt ans encore toute neuve. Un jour, je l'ai ouverte et chaque soir je lisais le Psaume 6 qui disait :

> *Aie pitié de moi, Éternel !*
> *Je suis sans force ;*
> *Guéris-moi,*
> *Mon âme est toute troublée,*
> *Éternel « Jusqu'à quand » ?*

Ce fut ma prière tous les soirs. Mais, en même temps, dans mon for intérieur, je me disais : « Pourquoi, si Dieu existe, devrait-il me répondre à moi qui n'ai jamais cru, et si moi qui me bats contre moi-même avec autant d'efforts, je n'ai pas réussi à faire quoi que ce soit de bon, qui le pourrait ? »

J'entretenais des pensées suicidaires et en même temps la peur de mourir m'envahissait et m'étouffait ; et j'étais convaincu que Dieu ne m'accueillerait jamais. Dans ma détresse, j'ai fait cette prière : « Si tu existes, prouve-le moi. Fais quelque chose ! »

Le lundi matin en entrant au travail, mon patron me demande de faire une livraison avec Jean-Guy Decoste. En route, j'ai confié à Jean-Guy ma détresse et ce que je vivais. Il m'a encouragé à lire dans l'Évangile selon Jean, et il m'a dit : « Écoute Michel, lis et si tu ne le comprends pas, je serai heureux de te l'expliquer, si tu le veux. »

Après le repas du soir, c'était le 6 juin 1996, j'ouvre ma bible dans l'Évangile selon Jean au chapitre 4, et je lis ce qui est écrit (utiliser l'Évangile selon Jean pour faire la lecture avec la personne).

« Jésus fatigué du voyage s'assit au bord du puits. Une femme vint pour puiser de l'eau. Jésus lui parle : S'il te plaît, donne-moi à boire un peu d'eau. Elle s'exclame : Comment ! Tu es Juif et tu me demandes à boire à moi une Samaritaine ! Les Juifs évitaient toutes relations avec les Samaritains. Jésus lui répondit : Si tu savais quel don Dieu veut te faire et qui est celui qui te demande à boire, c'est toi qui aurais demandé à boire et il t'aurait donné de l'eau vive. Celui qui boit l'eau de ce puits aura de nouveau soif, mais celui qui boira de l'eau que je lui donnerai n'aura plus jamais soif. Bien plus : l'eau que je lui donnerai deviendra en lui une source intarissable qui jaillira jusque dans la vie éternelle. »

Je sortis à l'extérieur de la maison et tout ce que j'avais lu se repassait dans ma tête. Je venais de réaliser que Dieu m'avait répondu par Jean-Guy, et d'autres passages venaient à mon esprit. Celui dans Jean 3.16 : Car Dieu a tant aimé le monde qu'il a donné son Fils unique afin que quiconque croit en lui ne périsse point, mais qu'il ait la vie éternelle, et celui dans Jean 14. 6, où Jésus dit : Je suis le chemin, la vérité et la vie nul ne vient au Père que par moi.

À ce moment-là, j'ai compris que le prix à payer pour moi avait été très élevé. Alors, j'ai fait cette prière : *« Seigneur Jésus, je t'en supplie ! Donne-moi de cette*

# Témoignage d'évangélisation

*eau. Je reconnais, Seigneur, que je ne le mérite pas. C'est seulement à cause de ton amour pour moi, et parce que tu as subi à ma place la condamnation que je méritais. Aie pitié de moi, sauve-moi ! Prends ma vie Seigneur. Je mets toute ma confiance en toi seul, peu importe ce qui m'arrivera. »*

Je suis entré dans la maison et j'ai réveillé Ginette. Je lui ai dit que j'arrêtais tout. À moitié réveillée, elle m'a dit : « Oui ! Oui ! Michel ». Et elle s'est rendormie. Pas étonnant, n'est-ce pas ? Après une semaine, elle remarquait mes tremblements. J'avais des délires la nuit, on appelle cela du *delirium tremens*. Mais Dieu m'a donné la victoire !

### *Sa vie après avoir reçu Christ*

Si je suis en vie aujourd'hui, c'est uniquement à cause de la bonté et la grâce de Dieu, et de ce qu'il a fait pour moi à la croix du Calvaire. Depuis ce jour, son Esprit est venu habiter en moi. Il ne m'a jamais laissé seul. Il me fortifie et me rassure à chaque instant. Cette maison qui, je croyais, aurait pu changer ma vie, Dieu est venu la bâtir dans mon cœur. La culpabilité, la honte, la colère, les remords et la peur de mourir sont des choses du passé. Je n'ai jamais ressenti, depuis ce temps, le besoin de boisson ou de drogue. Je ne suis pas un drogué ou un alcoolique en abstinence. Je n'ai tout simplement plus besoin de ça ! Dieu l'a remplacé et comblé par un amour et une paix que jamais je n'aurais pu espérer.

# ANNEXE 2

## *RESSOURCES D'ÉVANGÉLISATION*

### DOCTRINE

- **Pour ceux qui ne croient pas en Dieu**

    - ✓ *Y a-t-il un Dieu ?* (traité)
    - ✓ *Dieu au banc des accusés* (livre, 111 p. ; C. S. Lewis)
    - ✓ *Comment puis-je savoir qu'il a un Dieu* (livret 32 pages ; Radio Bible Class)

- **Pour ceux qui mettent en doute la divinité de Jésus-Christ**

    - ✓ *Jésus est-il Dieu ?* (Livret, 24 p. ; W. MacDonald)
    - ✓ *Jésus est-il Dieu ?* (Livre, 64 p. ; J. Maisel)
    - ✓ *Jésus : la parole est à la défense !* (Livre, 310 p. ; Lee Strobel)

- **Pour ceux qui mettent en doute la Trinité**

    - ✓ *Les trois sont un* (livre, 108 p. ; S. Olyott)
    - ✓ *Qui est cet homme qui prétend être Dieu ? Et les chrétiens croient-ils en trois Dieux ?* (Livret 64 pages ; Radio Bible Class)

- **Pour ceux qui mettent en doute la Bible**

    - ✓ *Cette lettre est pour vous* (livret, 65 p.)
    - ✓ *Vers une nouvelle expérience de Dieu* (31 pages)

- **Pour ceux qui regardent la foi comme une béquille**

    - ✓ *Dieu parle... nous croyons* (livre, 78 p. ; P. Fournier/H. Loügt)
    - ✓ *La foi* (livret 94 pages)

- **Pour ceux qui se croient trop pécheurs pour être pardonnés**

- ✓ *Ai-je été trop méchant pour être pardonné ?* (Livret ; Radio Bible Class)
- ✓ *Quand la colère gronde et quand le pardon semble impossible !* (64 pages)

## CROYANCES RELIGIEUSES

- **Pour ceux qui adhèrent au charismatique**

    - ✓ *Ma recherche charismatique* (livre, 84 p. ; N. Babcox)

- **Pour ceux qui adhèrent au catholicisme**

    - ✓ *Le portrait de Marie* (traité)
    - ✓ *La différence entre l'Église catholique et le christianisme biblique* (livret, 19 p.)
    - ✓ *Les derniers sacrements* (traité)

- **Pour ceux qui croient dans un purgatoire**

    - ✓ *Quel Dieu avez-vous ?* (traité)

- **Pour ceux qui adhèrent au mouvement du Nouvel Âge**

    - ✓ *La trappe* (traité)
    - ✓ *Le Nouvel Âge* (livret, 30 p. ; R. Liebi)
    - ✓ *Quel est l'attrait du mouvement du Nouvel Âge ?* (Livret ; Radio Bible Class)

- **Pour ceux qui adhèrent à la foi musulmane**

    - ✓ *Allah est-il Dieu ?* (Livre, 45 p. ; M. R. Haqq/ P. Newton)
    - ✓ *Comparer, considérer, conclure* (livre, 52 p. ; G. Nehls)

- **Pour ceux qui adhèrent aux témoins de Jéhovah**

    - ✓ *Les témoins de Jéhovah ont-ils raison ?* (Livre, 32 p ; J. M. Nicole)
    - ✓ *La Bible dénonce les erreurs des témoins de Jéhovah* (livre, 86 p. ; B. Clark)

## L'OCCULTISME

- **Pour ceux qui jouent avec l'horoscope**

    - ✓ *L'avenir dévoilé* (48 p. ; P. Beckley)

- **Pour ceux qui adhèrent à l'occultisme**

    - ✓ *À propos des guides spirituels* (livre, 64 p. ; J. Ankerberg)
    - ✓ *S.O.S. occultisme* (livre, 116 p. pour adolescents ; A. & A. Kreis)

# RESSOURCES D'ÉVANGÉLISATION

## DIVERS

- **Pour ceux qui se questionnent sur le sens de son existence**

    - ✓ *Questions fondamentales* (livret, 31 p. ; J. Blanchard)
    - ✓ *Donne un sens à ta vie* (livre, 128 p. ; A. Knowles)

- **Pour ceux qui se questionnent sur l'au-delà**

    - ✓ *Et après ?* (Livre, 80 p. ; H. Bryant)
    - ✓ *Qu'est-ce qui nous attend ?* (Livret ; Radio Bible Class)
    - ✓ *Jésus revient* (livret 64 pages ; Radio Bible class)

- **Pour ceux qui posent des questions sur tout**

    - ✓ *Réponse de Dieu aux questions de l'homme* (traité 46 p)

- **Pour ceux qui sont aux prises avec l'alcoolisme**

    - ✓ *Heure joyeuse* (traité)
    - ✓ *Les petits souliers* (traité)
    - ✓ *Comment vivre sans toi ? De l'espoir pour les alcooliques et leurs familles* (livret 32 pages ; Radio Bible Class)

# ANNEXE 3

## *INFORMATIONS SUR DIFFÉRENTS COURS*

**Évangélisation Explosive Canada**
***Formation pour EE Jeunesse et Adulte.***
Pour tous renseignements concernant la formation,
vous pouvez contacter :
*Michel Laplante,*
*Président/directeur francophone,*
*1660, des Lilas*
*Saint-Lazare QC J7T 2R4*
Tél : 450.455.0934

Courriel : ee-franc@sympatico.ca
Web : eecanada.org

*

## Cours de suivi immédiat
## LE DISCIPOLAT

*Le Discipolat* est un outil de formation de disciples basé sur une approche personnalisée de personne à personne. C'est d'ailleurs là, l'une de ses principales forces : créer un effet de dominos en affectant (et même infectant) une vie à la fois.

*Le Discipolat* vient combler un besoin important dans l'Église : celui de l'imputabilité (être redevable) biblique d'homme à homme et de femme à femme. L'emphase est placée non sur la connaissance, mais sur la formation de disciples capables de former d'autres disciples qui vont à leur tour se reproduire dans d'autres disciples.

Pour que cet outil soit percutant, il doit être utilisé dans une approche globale et intentionnelle de formation de disciples dans l'église et sous la supervision du leadership pastoral de l'église.

*Le Discipolat* est composé d'une série de 16 sujets divisés en deux niveaux de 8 sujets chacun. Un premier carnet, celui du disciple, entreprend la formation du niveau 101. Un deuxième carnet, celui du formateur, termine la formation du niveau 102. Le principe est simple : celui qui reçoit premièrement une formation de disciple devient ensuite un formateur de disciples.

# INFORMATIONS SUR DIFFÉRENTS COURS

Pour plus d'informations, vous pouvez contacter :

l'Église Baptiste Évangélique de Trois-Rivières,
8305, boulevard des Forges
Trois-Rivières QC  G8Y 1Z5

(Tél. : 819-379-9650 / ebtr@cgocable.ca)
Le coût est de 15 $.

*

**Présentation du cours
« VA, VIE ABONDANTE ».**

Le cours « *Va : Vie abondante* » est un cours de formation de disciples dans le contexte d'une église-cellules. Il s'adresse au cœur plutôt qu'à la tête.

Ce cours a été conçu pour une utilisation de « personne à personne » (un chrétien aîné avec un nouveau converti). Il est constitué de 11 leçons dont le but est d'amener le nouveau croyant à régler, dès le début de sa vie chrétienne, certains domaines où il éprouve des difficultés. Les leçons 7 et 8 intitulés « Les forteresses » forment l'élément central du cours.

Les onze leçons sont divisées en 5 parties qui prennent environ 15-20 minutes à étudier. Cette division a pour objectif d'enseigner au nouveau croyant l'importance d'avoir un temps régulier avec Dieu. Un verset par leçon doit être appris par coeur.

Si vous cherchez un cours pratique, illustré, qui traite des difficultés qu'un nouveau disciple rencontrera dans le contexte d'une formation personnelle en vue d'intégrer un petit groupe maison, ce cours est pour vous. Déjà plus de 350 copies ont été vendues et utilisées.

Les titres des 11 leçons sont :

*Semaine 1 : La famille de Dieu*
*Semaine 2 : Les royaumes*
*Semaine 3 : Les valeurs confrontées.*
*Semaine 4 : Les relations dans le royaume*
*Semaine 5 : La vie de l'Esprit*
*Semaine 6 : La prière*
*Semaine 7 : Les forteresses*
*Semaine 8 : Les forteresses 2*
*Semaine 9 : La bataille pour les âmes*
*Semaine 10 : Un combat sans merci*
*Semaine 11 : Enrôlement*

Pour commander des copies, contactez :
« Le Flambeau »
(Église Évangélique Baptiste de la H.Y.)
Richard Houle
Tel. : 450-777-3396
Courriel : leflambeau@eebhy.qc.ca.

Le coût est de 17,50 $.

« Et le nombre des disciples se multipliait... » (Actes 6.1)

« **Publications Chrétiennes inc.** » est une maison d'édition québécoise fondée en 1958. Sa mission est d'éditer ou de diffuser la Bible ainsi que des livres et brochures qui en exposent l'enseignement, qui en démontrent l'actualité et la pertinence, et qui encouragent la croissance spirituelle en Jésus-Christ.

Pour notre catalogue complet :
**www.publicationschretiennes.com**

**Publications Chrétiennes inc.**
230, rue Lupien, Trois-Rivières, Québec, CANADA – G8T 6W4
Tél. (sans frais) : 1-866-378-4023, Téléc. : 819-378-4061
commandes@pubchret.org

www.ingramcontent.com/pod-product-compliance
Lightning Source LLC
Chambersburg PA
CBHW071713090426
42738CB00009B/1763